Fare Qualità è possibile!

Consigli per *RQ* in ambienti difficili

Roberto Giuliani

FARE QUALITÀ È POSSIBILE!

Ai miei genitori ed a Barbara, Nicola e Sara

ROBERTO GIULIANI

INDICE

FARE QUALITÀ È POSSIBILE!

PREFAZIONE

Ultimi giorni del mese di Dicembre 2015. Sono nel mio ufficio seduto alla scrivania e sto leggendo l'e-mail che l'SQE[1] di Volvo Trucks mi ha appena inviato.

Esprime la sua soddisfazione ed apprezzamento per il risultato raggiunto quest'anno: Zero ppm. Neanche un prodotto difettoso nei più di centomila prodotti consegnati.

Sorrido contento mentre la leggo. È bello ricevere dei riconoscimenti non richiesti dai clienti. È "quasi" meglio di un aumento di stipendio.

Sono soddisfatto. È già qualche anno che le nostre prestazioni sono decisamente positive.

Anche Scania non ci ha fatto un singolo Quality Report[2] da quasi tre anni ormai.

Peccato che all'inizio di quest'anno abbiamo avuto un incidente con Iveco, altrimenti saremmo stati quasi "perfetti"!

Nel complesso però non posso proprio lamentarmi.

I costi della Qualità sono decisamente bassi. Quando ho iniziato a lavorare in questa azienda, erano su valori attorno all'1% del fatturato. Oggi viaggiamo attorno ad un quarto di questo valore.

Anche sul fronte delle forniture le cose non vanno niente male.

Diversi anni fa, era abbastanza normale emettere un centinaio di Rapporti di Non Conformità all'anno. Oggi siamo ad un terzo di quel valore e la maggior parte dei problemi non hanno creato grossi perturbazioni alle nostre attività.

La riduzione generale delle "grane" qualitative, ha dato dei benefici a tutti i processi aziendali.

---

[1] Supplier Quality Engineer

[2] Rapporto di non Conformità

Non mi sono però montato la testa e certamente non mi voglio prendere tutto il merito di questi risultati.

Devo innanzitutto ringraziare la Direzione per la fiducia incondizionata accordatami e, in modo particolare, i miei colleghi e i miei collaboratori per il grande supporto e contributo, nonché pazienza.

I primi tempi non è stato tutto facile e scontato. La Direzione, diversi miei colleghi responsabili e talvolta anche i miei stessi collaboratori, erano scettici e titubanti di fronte ad alcune mie scelte e decisioni.

Memore però della lezione imparata nella mia precedente esperienza lavorativa, ho tenuto duro e sono andato avanti. Non volevo ripetere gli errori del passato ed ero deciso a fare tutto ciò che fosse stato necessario per essere soddisfatto del mio lavoro.

Ritorno indietro con la memoria a molti anni fa quando lavoravo in un'azienda multinazionale americana in uno stabilimento di produzione di componenti del sistema d'accensione dell'automobile.

Il precedente Responsabile della Qualità (RQ), aveva fatto da capro espiatorio a seguito di un grosso problema di qualità che aveva generato una campagna di richiamo per un valore di circa due miliardi di vecchie Lire[3].

Io ero il suo "rimpiazzo". Lo venni a sapere dopo essere stato assunto.

Venni anche a sapere che, all'origine del fattaccio, c'erano stati problemi di approvvigionamento di un materiale termoplastico.

La Direzione ed il Responsabile della Produzione (quest'ultimo in seguito descrittomi come il "Regista occulto" dell'azienda), per non andare in ritardo nelle consegne, decisero di usare un materiale termoplastico molto simile a quello validato ed utilizzato fino a quel momento, ma non uguale. Fecero quindi entrambi pressioni sull'RQ perché accettasse in deroga questa soluzione senza informare il cliente.

L'RQ purtroppo acconsentì e il suo destino fu segnato.

Dopo circa un anno dalla produzione, cominciarono ad esserci i primi resi dal campo.

Analizzati i resi, ci si rese conto, ahimè, che era proprio il diverso materiale la causa dei malfunzionamenti.

Man mano che passava il tempo i resi aumentarono sempre di più e si fu costretti a rivelare al cliente quale fosse l'origine del problema.

Visto l'elevato numero di interventi in garanzia, il cliente decise allora di fare una campagna di richiamo per la sostituzione dei prodotti difettosi.

Fu quello che in gergo si chiama "bagno di sangue".

La chiusura degli ultimi strascichi di questo problema, fu una delle prime

---

[3] Circa 1.000.000 euro

attività a cui mi dedicai all'inizio del mio nuovo lavoro.

Subito dopo, mi gettai a lavorare con entusiasmo su due cose che ritenevo molto importanti per fare bene: la semplificazione dell'SGQ[4] e l'introduzione "massiccia" delle tecniche statistiche in azienda.

La prima perché, dopo circa un mese dalla mia assunzione, c'era stato un audit di rinnovo della certificazione ISO 9001 ed ero rimasto pietrificato nel vedere la marea di "carte" false che fummo costretti a fare fino a tarda sera.

La seconda perché ero fortemente convinto che l'applicazione delle tecniche statistiche alla produzione e allo sviluppo dei nuovi prodotti avrebbe fatto la differenza nel "fare" Qualità.

Sono stato molto appassionato di tecniche statistiche ancora prima che in Italia si parlasse del famoso metodo "6 sigma".

Per qualche anno, tutto sommato, i risultati furono accettabili. Tra l'altro, fummo tra le prime aziende in Italia a certificarci secondo l'allora nuovo standard del settore auto: ISO/TS 16949.

I problemi di qualità con i clienti erano limitati ed i prodotti resi mediamente viaggiavano sotto i 200 ppm[5].

A dirla tutta, c'era stato qualche "incidente" di percorso nel lancio di alcuni nuovi prodotti. Per fortuna però, erano stati risolti senza grosse conseguenze per l'azienda.

Ciò nonostante non ero soddisfatto. Pur avendo semplificato l'SGQ, c'erano sempre delle attività che dovevano essere continuamente sollecitate e altre che spesso si rimandavano fino a quando non eravamo a ridosso dell'audit di certificazione. Due o tre settimane prima dell'audit, dovevo sempre immergermi "full time" in attività di ripresa e sistemazione delle cose non fatte.

Tenendo conto che ero responsabile non solo del sistema di gestione della Qualità, ma anche di quello Ambientale e della Sicurezza, il tempo che mi rubavano queste attività era davvero significativo.

Spesso ero costretto ad abbandonare temporaneamente importanti progetti di miglioramento, per dedicarmi, con molta frustrazione, a questo compito ingrato.

Tra le cose che mi facevano più male c'era la gestione delle "Non Conformità". Moltissime non venivano neanche prese in considerazione e dovevo poi io chiuderle d'ufficio in fretta e furia prima della visita.

Molto spesso, neanche i fornitori rispondevano ai rapporti di non conformità che gli mandavamo. Cercavano in qualche modo di risolvere le non conformità, ma solo pochi si degnavano di informarci per iscritto

---

[4] Sistema di Gestione della Qualità

[5] Parti per milione $= \dfrac{Numero\ di\ prodotti\ non\ conformi}{Numero\ totale\ prodotti\ forniti} \times 1.000.000$

in merito alle soluzioni adottate.

Anche la mia fiducia sulle tecniche statistiche cominciava a traballare. Iniziavo infatti ad avere i primi dubbi sul loro reale peso nel "fare" Qualità.

Quando mi domandavo quali reali problemi di Qualità avessi risolto o prevenuto con l'uso delle tecniche statistiche non me ne veniva in mente neanche uno.

Gli scarti interni rimanevano elevati con un costo che oscillava dal 2% al 3% del costo del fatturato.

I progetti di miglioramento che, con molta fatica, portavo avanti tra un audit e l'altro, procedevano a rilento quasi sempre snobbati sia dalla Direzione che dal "Regista occulto".

Entrambi avevano dimenticato la campagna di richiamo (*tanto le conseguenze le aveva pagate l'RQ*) e avevano gradualmente ripreso l'approccio "superficiale e veloce" di una volta.

Purtroppo, il poco pensiero e la molta azione erano fonte di diversi problemi qualitativi interni più o meno cronici. L'elevato scarto interno ne era un chiaro indicatore.

Percepivo chiaramente l'instabilità della situazione, ma la subivo senza avere la forza di cambiarla. Avevo fatto qualche tentativo per convincere la Direzione a cambiare approccio, ma senza successo. Con il "Regista occulto" non ci provavo neanche. Davo per scontato che convincerlo fosse un compito impossibile.

Il "Regista occulto" era un uomo verso i sessanta anni, piccolo di statura di carnagione scura, col viso quasi sempre accigliato. Aveva effettivamente una grande esperienza dietro alle spalle, ma si comportava da piccolo dittatore e, per dirla in modo "soft", non amava essere contraddetto.

Una delle frasi che ogni tanto, mezzo serio, amava ripetermi: « Ricordati Giuliani che il Responsabile della Qualità è pagato per prendere la colpa!», rende molto bene l'idea di quale fosse la sua considerazione del lavoro del Responsabile Qualità.

Purtroppo, dopo qualche anno, quelle parole mi ritornarono alla mente come una triste profezia.

Nel tempo mi abituai o forse, mi vergogno a dire, mi rassegnai a convivere con questo stato delle cose.

Sovraccaricato dalle attività di mantenimento delle certificazioni, dai vari programmi di miglioramento lanciati dal corporate e dai problemi generati dalla gestione veloce del "Regista occulto", facevo quasi sempre tardi al lavoro.

La mia latente insoddisfazione spesso sfociava in dure critiche alla Direzione e al "Regista occulto", colpevoli, con il loro comportamento, di impedirmi di "fare" Qualità come avrei voluto.

Non sembrava esserci via d'uscita quando improvvisamente la fortuna sembrò girare e, nello spazio di pochi mesi, si verificarono due eventi per me positivi.

Il nostro Direttore fu promosso ad altro incarico e il "Regista occulto" andò in pensione.

Mi si riaccese la speranza.

Fu nominato un nuovo Direttore più sensibile agli aspetti della Qualità.

Le cose sembrava cominciassero a migliorare ma purtroppo le sorprese non erano finite.

Negli ultimi 5-6 anni, il corporate aveva perseguito una politica di crescita attraverso continue acquisizioni di aziende. Finché il mercato era stato in espansione la cosa sembrava funzionasse. Appena però ci fu il primo segno d'inversione, i risultati cominciarono rapidamente a peggiorare. Schiacciati dall'indebitamento, l'intera azienda entrò in quella che noi chiameremmo amministrazione controllata e gli americani chiamano "Chapter 11". Le azioni precipitarono da un valore di più di 60 dollari ad un valore di meno di un dollaro. Di conseguenza, ci fu un'estesa ristrutturazione e riorganizzazione dell'azienda.

Fu sostituito il nostro Direttore di Divisione e furono chiuse alcune unità produttive.

Nel nostro stabilimento, il "più sensibile" Direttore diede le dimissioni e ne arrivò uno nuovo.

Era un "ragazzo" di 35-40 anni alto e magro che, alla prima apparenza, sembrò essere serio e professionale. Dopo neanche una decina di giorni, si rivelò di tutt'altra pasta. Le sue urla si sentivano distintamente attraverso le pareti del suo ufficio. Faceva delle sceneggiate anche per delle inezie.

Ben presto, capimmo che il suo principale compito era quello di ridurre i cosiddetti costi di struttura. Il corporate aveva mandato il classico "tagliatore di teste" per ridurre il numero del personale senza dover pagare troppi soldi.

Il "tagliatore di teste" eseguiva diligentemente questo compito attraverso una tale attività di mobbing che, a volte, mi domandavo come facesse a dormire la notte se gli era rimasto un briciolo di coscienza.

Dopo poco più di un mese, aveva già fatto un paio di vittime importanti.

In aggiunta, nel frattempo, della serie "non c'è limite al peggio", si inasprisce un problema di qualità con un nostro importante cliente.

Gli fornivamo delle candelette d'accensione per motori diesel. Da più di qualche mese ormai, in ciascuno dei lotti forniti, il cliente trovava 2-3 candelette che si fondevano dopo poche manovre d'accensione durante i suoi collaudi.

All'inizio sembrava che fosse un fatto sporadico dovuto alla contaminazione di poche candelette. Purtroppo invece, il problema continuò a protrarsi nel tempo anche dopo aver fatto delle azioni anti-contaminazione e aver più volte assicurato il cliente che il problema non si sarebbe più ripresentato.

Il processo produttivo in questione, ahimè, era una delle "opere" che il "Regista occulto" ci aveva lasciato in eredità. Beffa del destino, sembrava quasi che dovessi pagare adesso il prezzo di non essere riuscito a contrastarlo adeguatamente quando era il momento.

Il problema era arrivato fino alle alte sfere del cliente e la pressione per risolverlo era diventata altissima. Il corporate mandò anche un cosiddetto "black-belt" esperto del metodo 6 sigma per occuparsene. Purtroppo anche lui non ne saltò fuori.

Per farla breve, dopo quasi un anno dai primi casi, il cliente decise di interrompere il rapporto di fornitura.

Fu un colpo durissimo per me e la mia azienda. Mi sentivo in qualche modo responsabile per non essere riuscito a risolvere il problema.

Dulcis in fundo, il "tagliatore di teste" prese l'occasione al balzo per fare un'altra vittima: il sottoscritto.

Mi prese di mira e cominciò a mettere in atto tutto il suo repertorio di mobbing.

Avevo già diversi anni di lavoro alle spalle, ma non mi ero mai trovato in una situazione simile.

Entrare in azienda la mattina era diventata una sofferenza. Dovevo fare appello a tutte le mie energie psichiche per resistere al martellamento del "tagliatore di teste".

La situazione divenne presto insostenibile e dopo qualche accesa discussione, decisi di darmi da fare per cercarmi un altro lavoro. Grazie a Dio non ci volle molto e così, "accontentandolo", uscii da quell'incubo.

Quasi come in un film, quando con una scena evanescente si passa dal passato al presente, riemergo anch'io improvvisamente da questo tuffo nel passato. Lancio un'occhiata fuori dalla finestra dell'ufficio e poi rileggo con soddisfazione l'e-mail dell'SQE di Volvo Truck.

Quante cose sono cambiate e come sono cambiato rispetto ad allora.

Sin dal primo giorno che ho messo piede in questa azienda, ho promesso a me stesso che avrei fatto tesoro degli errori del passato assumendomi la responsabilità di impegnarmi a trovare tutte le strade possibili per "fare" Qualità.

L'esperienza attraverso cui sono passato mi ha fatto capire che non serve a niente lamentarsi dando la colpa alla Direzione o ai colleghi per le cose che non vanno come vorremmo. Alla fine, è sempre l'RQ che risponde della Qualità. Non ti puoi quindi permettere di accettare con rassegnazione situazioni che, per quanto difficili, ti privano della sensazione di essere soddisfatto del tuo lavoro.

Tanto vale mettersi da subito a cercare un altro posto di lavoro prima che tu possa essere costretto a farlo in circostanze non proprio piacevoli.

In questo libro parlo di come sono riuscito a "fare" Qualità nell'azienda dove ancora oggi lavoro.

Ho deciso di farlo raccontando gli incontri serali di due amici, entrambi Responsabili Qualità, che cercano insieme di risolvere i problemi di lavoro che affliggono uno di loro.

Non ho la pretesa di affermare che le "strategie" e le attività che ho adottato siano le uniche o le migliori.

Posso però con certezza dire che mi hanno veramente aiutato a raggiungere i risultati di oggi.

Nel cercare di "fare" Qualità nonostante le condizioni spesso non favorevoli, il principio che mi ha sempre guidato è questo:

"Qualsiasi problema, sia esso tecnico, organizzativo o relazionale, può essere risolto definitivamente quando si dedica un tempo sufficiente a capirne le sue cause più profonde."

La cosiddetta "Root Cause Analysis" applicata non solo ai problemi tecnici ma soprattutto ai problemi organizzativi e relazionali che, spesso e volentieri, sono le vere cause "radice" dei primi.

Risolvere i problemi dei clienti esterni ed interni[6] all'azienda. Questa credo sia la parte più nobile del lavoro dell'RQ. Non solo gestore e garante delle regole dell'SGQ, non solo il "pompiere" dei problemi, ma soprattutto **Risolutore dei problemi** con la "ERRE" maiuscola.

E questo, vale più che mai quando si lavora in ambienti difficili.

Ti auguro una buona lettura ed un futuro ricco di soddisfazioni!

Roberto

---

[6] La Direzione dell'azienda è il primo cliente interno di un RQ

1 QUALCHE PROBLEMA DI LAVORO...

Nicola Gori è il Responsabile della Qualità (RQ) dell'azienda ASAD Spa.

L'ASAD è un'azienda che produce diversi tipi di connettori e interruttori elettrici per applicazioni automotive.

È un'azienda di medie dimensioni di circa 200 persone e sta in qualche modo galleggiando in mezzo a questa lunga e persistente crisi economica.

Il Direttore generale, l'ing. Alberto Mancini, è un uomo sui cinquant'anni di media statura con i capelli brizzolati ed un espressione del viso poco incline alla risata. Sguardo deciso, difficilmente lo si vede preoccupato o nervoso. Però, se c'è qualcosa che non è stata fatta come si deve, la sua voce forte e tonante si fa sentire molto bene.

Nicola lavora alla ASAD da circa tre anni. Ha poco più di trent'anni e ha già avuto una breve esperienza come RQ in una precedente azienda. Nella funzione Qualità ci sono cinque persone, compreso lui.

Come tutte le aziende che lavorano per il settore automotive, l'ASAD ha un Sistema di Gestione della Qualità (SGQ) certificato secondo gli standard ISO 9001 e ISO/TS16949.

Un Sistema di Gestione della Qualità poco applicato

Sono circa le sei di sera. Gli ispettori dell'ente di certificazione sono appena andati via dopo due giorni di audit di sorveglianza. Ci hanno dato quattro non conformità e sette raccomandazioni. L'Ing. Mancini non sembra essere preoccupato del risultato, anzi, pare quasi contento. Si avvicina e mi dice: «Bene, Gori, nonostante tutto, ce l'abbiamo fatta! C'è da lavorare, ma so che riuscirà a sistemare tutto. Se c'è qualche problema, me lo faccia sapere».

«Va bene, ing. Mancini. Da domani mi metto subito al lavoro per chiudere le non conformità»

«Ottimo! Ma adesso vada a casa, Gori. Si goda un po' di meritato riposo. A domani!»

Lo saluto, raccolgo gli ultimi documenti sul tavolo della sala riunioni e mi avvio verso il mio ufficio.

Sono stanco. Ogni anno, la preparazione dell'audit mi assorbe sempre molto tempo ed energia.

Sono contento di essere riuscito a mantenere la certificazione, ma quanta fatica e pazienza ci vuole sempre!

Circa un mese prima dell'audit, devo dedicare un sacco di tempo a fare o a completare attività e documenti che, in teoria, avrebbero dovuto essere fatti nel corso dell'anno.

Le non conformità, le cosiddette NC, sono un classico. Più ne emetto e più ne devo chiudere in fretta e furia prima della visita.

Inizialmente mi stupivo quando vedevo che molte NC cadevano nel vuoto. Nessuno si degnava di rispondere.

Andavo allora dai vari responsabili cercando di spiegargli l'importanza dello strumento e sollecitandoli a rispondere. Dapprima gentilmente, poi con vigore e infine con molta veemenza. Per uno o due mesi sembrava che le cose migliorassero, poi tutto tornava come prima!

Oggi lo stupore ha lasciato il posto alla rassegnazione. Per cercare di limitare l'inutile e dannosa corsa alla chiusura delle NC prima dell'audit, le emetto solo per le situazioni più gravi.

Che dire poi degli audit interni?

Nonostante li pianifichi con un certo anticipo, quasi sempre i miei colleghi hanno un impegno imprevisto e mi chiedono di spostarlo ad altra data. Anche in questo caso mi tocca fare le corse a ridosso dell'audit.

Eh sì, potrei andare avanti per un bel po' parlando di procedure che sono poco conosciute, se non ignorate, o delle registrazioni della qualità fatte in qualche modo. Gli esempi non mancano, ma non ha molto senso tormentarsi in questo modo.

Ho provato in tutti i modi a cambiare questa situazione.

Mi dicevo: "È un problema di formazione e di mancanza di cultura della Qualità" e quindi mi affannavo a fare formazione.

Purtroppo non ha sortito molto effetto.

A parole, tutti dicono che la Qualità è molto importante e che bisogna lavorare seguendo le regole. Ma poi, nei fatti, si contano sulla punta delle dita quelli che cercano veramente di seguirle.

Paradossalmente, a volte, sono proprio quelli che non rispettano o conoscono le procedure che ti dicono che è necessario migliorarle.

Buona parte dei miei colleghi e, in cascata, buona parte dei loro collaboratori, sembrano essere refrattari a qualsiasi mio sollecito o richiamo. Il detto "Non c'è peggior sordo di chi non vuol sentire" è azzeccatissimo in questo caso.

È un comportamento che non capisco. Mi viene quasi da pensare che forse è tipico della natura umana non rispettare le regole. Forse la trasgressione è più attraente.

Il rispetto dei limiti di velocità in autostrada sembra confermare questo mio pensiero. Tutti conoscono questa regola e quasi tutti dicono che è giusta e che ha ridotto moltissimo il numero di incidenti. Però, in assenza della Polizia o di un controllo elettronico della velocità, ben pochi la rispettano!

Ecco forse perché alcuni dicono che la funzione Qualità è un "*male necessario*". La vedono come se fosse una sorta di Polizia che deve assicurarsi che le regole siano rispettate. Amata quando fa rispettare le regole agli altri, odiata quando le fa rispettare a te!

Spengo le luci dell'ufficio, chiudo la porta e cammino verso l'uscita mentre continuo a rimuginare.

Eppure, non credo sia veramente così. Sia sul lavoro che nella vita quotidiana, noi stessi ci diamo delle regole che seguiamo senza che nessuno ce le imponga. Ognuno di noi ha delle regole che difficilmente infrangerebbe indipendentemente dalla presenza o meno di un controllore.

E poi, a onor del vero, salvo forse pochissime eccezioni, le persone di questa azienda cercano di fare il meglio che possono per lavorare bene.

Ma allora perché mi trovo in questa situazione? Perché, nonostante abbia cercato di semplificare e abbia concordato le procedure con i vari Responsabili, ancora oggi non posso dire che l'SGQ sia applicato come vorrei?

Mah, non riesco davvero a trovare una risposta. C'è qualcosa che mi sfugge. Intuisco che ci deve essere qualcosa di sbagliato ma non riesco a capire cosa.

Hmm... bel problema!

Salgo in macchina, accendo il motore e parto.

"Va bè dai Nicola, basta rimuginare, torna a casa. Sei stanco e non sei sufficientemente lucido per questo tipo di riflessioni. Domani è un altro giorno e domani si vedrà..."

Un fornitore da far crescere

Sono appena entrato in ufficio e già il telefono squilla. È Ivan del Controllo Accettazione Arrivi.

«Ciao, Nicola. Puoi venire per favore in Accettazione Arrivi? Il solito fornitore ci ha ancora una volta mandato un lotto di staffe con lo stesso problema dell'altra volta».

"Uffa!" Penso tra me e me. Ci risiamo! È possibile che questo fornitore non riesca a migliorare di una virgola? È uno dei fornitori più problematici che abbiamo e non riusciamo a farlo migliorare a dispetto dei ripetuti audit che gli abbiamo fatto.

L'RQ di questo fornitore non è poi così male. Ha provato a fare qualche azione di miglioramento. Purtroppo credo che non abbia sufficiente autonomia di manovra e autorità per eliminare le vere cause dei problemi.

Ho provato allora a salire di livello coinvolgendo anche la Direzione del fornitore. Quest'ultima mi è sembrata essere un po' più sfuggente. A parole mi ha detto che si sarebbe impegnata personalmente a cambiare la situazione. Nei fatti, a parte qualche temporaneo miglioramento, tutto è rimasto come prima.

Perso in questi pensieri, mi incammino verso l'Accettazione Arrivi. Appena arrivato, Ivan mi viene incontro facendomi vedere il problema.

«Guarda, Nicola! L'ennesimo problema del solito fornitore, non se ne può più! Possibile che non si riesca a far niente? È frustrante continuare a lavorare sugli stessi problemi senza vedere alcun risultato. Cosa facciamo? Gli faccio la solita Non Conformità? Non mi sembra serva a molto! Ultimamente poi non si prende neanche la briga di rispondere. Le ultime due NC sono ancora aperte».

E sì, Ivan ha proprio ragione. Per quanto mi sia dato da fare, non sono riuscito a cambiare questa situazione.

Più volte ho parlato anche con Luca, il Responsabile dell'Ufficio Acquisti. Gli ho spiegato la situazione e gli ho detto che, dopo tutti i tentativi fatti, non vedevo altra via d'uscita se non quella di cambiare il fornitore.

Qual è stato il risultato? È qui davanti ai miei occhi nella staffa difettosa che sto esaminando ora.

Questo fornitore ci vende le staffe ed altri prodotti ad un prezzo molto competitivo e Luca non ha nessuna intenzione di cambiarlo. Ogni volta che gli parlo, mi tira fuori la storia che la Direzione gli ha dato un obiettivo di riduzione del costo degli acquisti molto ambizioso e mi liquida in fretta esortandomi a far crescere il fornitore.

All'inizio, ingenuamente, accettai la sfida e feci diversi incontri ed audit al fornitore.

Oggi, dopo tutto il tempo dedicato, posso dire che mi trovo ancora di fronte a un caso di "Non c'è peggior sordo di chi non vuol sentire".

Il fornitore percepisce chiaramente che è l'ufficio Acquisti che conduce il gioco. Inoltre, ha anche ben capito che, per Luca, l'aspetto Qualità è secondario rispetto al prezzo.

Forte di questo e del fatto che mi considera meno importante di Luca, a parole mi promette che migliorerà, nei fatti tutto rimane come prima.

Il risultato finale è che io continuo a perdere tempo ed energie nel correre dietro sempre agli stessi problemi.

Che fare? Mi sento impotente. L'unica strada percorribile sembra essere quella di entrare in conflitto con Luca cercando di forzarlo a cambiare il fornitore. Ma non credo di averne la forza e l'autorità.

La strada della Direzione è già stata provata più di una volta senza successo.

Vista la situazione del mercato, so quanto l'ing. Mancini sia sensibile all'argomento costi. I risparmi che può dimostrare Luca acquistando da questo fornitore sono facilmente quantificabili. Purtroppo invece, è molto più difficile quantificare i costi, le perdite di tempo ed i rischi che corriamo nel mantenere un simile fornitore.

Hmm... non vedo molte vie d'uscita. Anzi, a dirla tutta, mi sembra proprio di essere in un vicolo cieco!

Non so bene cosa dire ad Ivan. Non voglio trasmettergli la mia sensazione di impotenza. Cerco allora di apparire calmo e sicuro mentre gli dico di procedere ad emettere la Non Conformità e che poi avrei parlato nuovamente con Luca.

Non faccio proprio una bella figura con i miei collaboratori. Percepiscono chiaramente quanto poco riesca ad incidere su questo tipo di politiche aziendali e anche loro sono portati a pensare che la "Qualità" sia poco importante e poco considerata in azienda.

Un reparto di produzione "indisciplinato"

«Ma perché l'operatore non ha controllato il diametro del foro?», sbotto con voce un po' alterata.

Sono nell'ufficio di Giorgio, il capo del reparto Torneria. Nel produrre un piccolo alberino in ottone, sono stati fatti circa 2.000 pezzi di scarto prima di accorgersi che il diametro di un foro sull'alberino era minorato.

«Caspita, Giorgio! Non è la prima volta che gli operatori del tuo reparto se ne "sbattono" del piano di controllo!», dico molto seccato.

«Calma, Nicola! Con tutte le macchine che gli operatori seguono, sai bene che hanno veramente i minuti contati per fare i controlli. Purtroppo, nel turno notturno, un paio di torni hanno avuto diversi problemi di funzionamento. L'operatore, per starci dietro, ha dovuto per forza saltare alcuni controlli».

Cerco di reprimere la collera che vorrebbe esplodere in superficie come un vulcano.

Mi giro di scatto e mi dirigo verso l'ufficio di Carlo, il Responsabile di Produzione. So già che cosa mi dirà. Più volte mi sono già lamentato di questa situazione con lui.

Le sue giustificazioni oscillano tra la necessità di soddisfare gli ordini urgenti dei clienti e la necessità di raggiungere l'obiettivo di efficienza del reparto Torneria.

Non di rado poi, trova anche il modo di rigirarmi la frittata e mi dice: «Richiede troppo tempo fare i controlli che hai previsto, non puoi trovare un modo di snellirli o renderli più rapidi? L'operatore perde un sacco di tempo nel farli!».

Se poi, esasperato, gli faccio delle Non Conformità, ha anche il coraggio di spazientirsi. Più di una volta, nervosamente, mi ha rinfacciato: «Voi della Qualità siete capaci solo di segnalare i problemi! Non fate mai niente per aiutarmi a risolverli!»

È davvero un vero maestro nel farti sentire in colpa anche quando non lo sei! Senza poi considerare che raramente si degna di rispondere alle NC.

Oltre al danno la beffa!

Non è proprio gratificante lavorare in questo modo.

Ma come posso fare io, semplice impiegato di 6° livello, a contrastare un dirigente come lui?

Anche in questo caso ho provato a coinvolgere la Direzione.

L'ing. Mancini mi ascolta pazientemente, ma non ha mai preso una posizione netta e ben definita sulla questione. Poiché fino ad oggi non ci sono stati dei problemi di qualità gravi, tende ad essere più dalla parte di Carlo che dalla mia.

Carlo gli fa vedere come è stato bravo a produrre in modo efficiente rispettando le consegne ai clienti. Io invece gli parlo di problemi che per lui sono secondari. I miei tentativi di ottenere il suo supporto producono pochi risultati e spesso solo temporanei.

Carlo sa di avere l'appoggio della Direzione e, pensando egoisticamente ai suoi obiettivi, si comporta di conseguenza.

Mah, ci risiamo! Possibile che anche in questo caso debba rassegnarmi a convivere con questo senso di impotenza?

Di chi è la colpa del reclamo?

Suona il telefono. Guardo il numero sul display. Lo riconosco, è quello di uno dei nostri più importanti clienti.

Rispondo. Dall'altro capo c'è il Responsabile dell'Accettazione Arrivi del cliente, il signor Longo: «Buongiorno Gori, abbiamo un problema serio. I prodotti che ci avete inviato nell'ultima spedizione hanno i connettori montati nel verso sbagliato. Non riusciamo ad usarli. Rischiamo di fermare le nostre linee produttive. Ci servono assolutamente dei pezzi buoni entro domani».

Allarmato, chiedo in fretta qualche altra informazione. Poi lo saluto dicendogli che gli avrei fatto sapere qualcosa al più presto.

Faccio scattare immediatamente l'allarme per la verifica dello stock a magazzino e della produzione in corso.

Mi precipito quindi in produzione per capire come sia stato possibile un errore così grossolano.

Dopo una breve indagine, scopro che l'attrezzatura di montaggio del connettore non è come dovrebbe essere.

L'attrezzatura era stata concepita per evitare la possibilità di montare il connettore nel verso sbagliato. Purtroppo, durante una manutenzione, il dispositivo anti-errore è stato eliminato e poi, in aggiunta, un operatore poco esperto ha fatto il guaio.

Mi riprometto di approfondire più tardi la questione. Ora devo preoccuparmi di non fermare le linee produttive del nostro cliente.

Passo tutta la mattina a gestire questo problema. Alla fine, per fortuna, si riescono a produrre una sufficiente quantità di pezzi da inviare con la massima urgenza al cliente. Ci costa non poco, ma almeno siamo sicuri che il cliente li riceverà domani. Un suo fermo linea ha dei costi spaventosi.

Nel primo pomeriggio vado a parlare con Stefano, il Responsabile della Manutenzione. Devo capire cosa è andato storto nel nostro sistema di controllo.

In breve Stefano mi spiega che tutto è nato da un errore del manutentore. Nel rimontare l'attrezzatura dopo la manutenzione, si è dimenticato dell'elemento che impediva l'assemblaggio del connettore nel verso sbagliato.

Alzo gli occhi al cielo sospirando. «Va bene, Stefano, l'errore umano ci sta, ma perché non ci siamo accorti dell'errore? Dopo questo tipo di manutenzioni, c'è la regola di verificare e benestariare l'attrezzatura prima di ripartire con la produzione di serie.

Nella scheda dell'attrezzatura è chiaramente indicata questa funzionalità ed inoltre ci sono dei campioni "master" fatti apposta per questa verifica. Perché non ce ne siamo accorti?».

«Eh... hai ragione, Nicola», replica un po' imbarazzato, «ma c'era fretta di produrre perché si era come al solito in ritardo e, ahimè, la verifica non è stata fatta».

Sto trattenendo le imprecazioni, quando il portatile inizia a squillare. Da una rapida occhiata al display vedo che è la Direzione.

L'ing. Mancini vuole avere chiarimenti sull'accaduto e vuole che lo raggiunga subito nel suo ufficio. Ha già chiamato anche Carlo.

Quando arrivo nel suo ufficio Carlo è già lì. L'ing. Mancini mi fa accomodare e mi chiede immediatamente spiegazioni dell'accaduto. Gli spiego l'errore ed il mancato rispetto della procedura di approvazione delle attrezzature di produzione dopo una manutenzione. Ben presto però scopro che Carlo gli ha già dato la sua versione dei fatti cercando di scaricare parte della responsabilità sulla Qualità. Gli ha infatti detto che sarebbe meglio che questo tipo di verifiche fossero fatte dal nostro personale. Non sono ovviamente d'accordo e ho appena iniziato a spiegare il mio punto di vista, quando l'ing. Mancini mi interrompe bruscamente: «Non ho tempo per le spiegazioni! Lei è il Responsabile della Qualità», mi dice seccamente. «Queste cose non devono più accadere. Si rende conto di quanto ci costa questo errore? Trovate insieme qual è il modo migliore per evitarlo in futuro. Non ce lo possiamo permettere».

Poi ci congeda entrambi.

Appena usciti dall'ufficio della Direzione Ho una gran voglia di dirne quattro a Carlo. Non mi è piaciuto per niente questa sua mossa politica di dirottare implicitamente la responsabilità del reclamo sulla Qualità. Sono troppo arrabbiato però. Potrei esagerare e perdere davvero le staffe. Lo farò domani a mente più fredda. Non è stato per niente corretto.

Riflessioni sulla via di casa

È finito un altro giorno. Spengo il computer e sistemo la scrivania. Poi mi alzo ed esco dall'ufficio incamminandomi lentamente verso il parcheggio per prendere l'auto e tornare a casa. Ho circa mezz'ora di viaggio per arrivare a casa mia.

Accendo l'auto e parto imboccando la solita strada verso casa.

Oggi non è stato proprio uno dei miei giorni migliori. Questo reclamo e il modo in cui si è comportato Carlo non mi sono ancora andati giù.

Alla fine, l'ing. Mancini ha ripreso più me che Carlo.

Non mi va proprio giù questo fatto che quando scoppia un problema di qualità l'RQ ha sempre la maggior parte della colpa.

Essere *responsabile* della Qualità, non significa essere il *colpevole* di tutti i problemi di qualità che succedono in azienda. Avrei dovuto forse prevedere che per l'urgenza non avrebbero fatto la verifica dell'attrezzatura dopo la manutenzione?

A volte, mi viene da pensare che se qualcuno si dimentica i lucernari dell'officina aperti e piove dentro danneggiando dei prodotti, la colpa sia comunque mia. È pur sempre un problema di qualità e avrei dovuto prevedere una procedura di chiusura dei lucernari prima della pioggia!

Tutto ciò non ha molto senso. Soprattutto se penso che, sebbene sulla carta sia il rappresentante della Direzione, di fatto, ho molta poca autorità in azienda e ho grosse difficoltà nel far rispettare le procedure e le regole dell'SGQ.

Non mi sento molto spalleggiato dalla Direzione in questo compito e la mia autorità e capacità di influenzare i comportamenti delle persone ne risente grandemente.

A volte mi sembra quasi di essere "sopportato". Comincio davvero a credere di essere importante per l'azienda solo qualche giorno prima della certificazione, o quando c'è da prendere la colpa, o da gestire un problema che scotta!

Sono scoraggiato. Nonostante abbia provato diverse strade, nessuna è riuscita a cambiare di molto questa situazione.

Il problema è proprio questo. Non sono sufficientemente ascoltato e non ho abbastanza autorità per "fare" Qualità come vorrei.

Mi sento impotente. Non so bene cosa fare ma mi rendo conto che se non faccio qualcosa, la mia posizione è a forte rischio. Quante volte ho già sentito di RQ costretti a fare le valigie a seguito dello scoppio di un grosso problema di qualità?

Il reclamo di oggi conferma che quando scoppia la grana, la colpa è in ogni caso tua. Anche se avevi già detto e scritto cosa c'era da fare per evitarla.

Com'è che direbbero i napoletani? Cornuto e mazziato!

Davvero una bella situazione!

Oltre tutto, se anche fossi così fortunato da non dover mai affrontare dei grossi problemi, se non riesco ad ottenere dei miglioramenti, credo che la mia carriera e sviluppo professionale ne possano soffrire. Un RQ che "galleggia" mantenendo la certificazione e che non porta dei miglioramenti concreti, è difficile che possa migliorare la sua posizione o la sua retribuzione.

Se poi domani, stufo della situazione, decidessi di propormi sul mercato ad altre aziende, che cosa gli dico quando mi chiedono quali risultati ho ottenuto in questa? Devo inventare? No, non è il caso, non sono mai stato bravo a raccontare delle storie. Devo allora dare la colpa alla Direzione o ai miei colleghi? Hmm... no, non è proprio il modo migliore di presentarsi ad uno che non conosce né te né l'azienda in cui lavori.

Congratulazioni, Nicola, hai proprio una bella prospettiva davanti a te!

Che fare allora?

È triste dirlo, ma non lo so davvero!

Sono così immerso in questi pensieri che quasi non mi accorgo di essere arrivato a casa.

Stacca la spina, Nicola, smetti di rimuginare, pensa a qualcosa di più piacevole.

Sto mettendo la macchina in garage quando improvvisamente mi viene in mente del mio amico Andrea.

Ehi, forse lui può darmi qualche consiglio. Anche lui è un Responsabile della Qualità. Lavora in un'azienda che, nonostante la crisi, sta andando bene. Quando ci sentiamo, lo sento sempre su di morale. Non mi sembra avere tutti i pensieri e le difficoltà che ho io.

Sì, mi sembra proprio una buona idea! Domani voglio provare a chiamarlo.

2 PERCHÉ NON RIESCO A "FARE" QUALITÀ?

«Ciao Andrea, come stai? È un po' che non ci sentiamo, stai bene?».
«Ehilà, ciao Nicola, che piacere sentirti! Sto bene, grazie! E a te come va?».
«Beh... diciamo che va bene perché non mi piace lamentarmi. In realtà, e scusa se arrivo subito al motivo della mia chiamata, ho qualche difficoltà sul lavoro e mi piacerebbe parlarne con te per avere qualche consiglio. Cosa ne dici, potremmo incontrarci un'oretta questo fine settimana? Hai già degli impegni?»
«Hmm... dunque, fammi pensare... ti potrebbe andare bene questo Sabato mattina? Io sono in centro con mia moglie per alcune spese, poi lei va a trovare sua madre per un'oretta e noi potremmo approfittarne per trovarci e prendere un caffè insieme verso le undici. Ti può andare bene?».
«Sì, mi va benissimo. Ci troviamo allora al bar della piazzetta?»
«Ok, è un posto perfetto per parlare con un po' di tranquillità».
«Ottimo! Ti ringrazio, Andrea, sei un amico».
Chiacchieriamo brevemente al telefono aggiornandoci sulle cose successe dall'ultima volta che ci siamo sentiti, poi ci salutiamo.

Seduti al tavolo del bar all'aperto, gustiamo tranquillamente il nostro caffè. La piazzetta è un luogo tranquillo della città dove non c'è mai molta confusione e passaggio di gente. È un posto dove ci si può veramente rilassare.
Andrea, con il suo modo di fare pacato, si integra benissimo nell'atmosfera della piazzetta. Alto, con una figura snella e uno sguardo aperto e sereno, sembra un lord inglese in vacanza in Italia.
«Allora dimmi Nicola, di che cos'è che volevi parlarmi?», mi domanda posando la tazzina sul tavolo.

Raccolgo velocemente i pensieri mentre finisco l'ultimo sorso di caffè e poso anch'io la tazzina: «Per fartela breve, Andrea, ho delle serie difficoltà sul lavoro. Non riesco a lavorare come vorrei. La Qualità non sembra essere molto importante nella mia azienda.

Spesso e volentieri, ciò che vorrei fare è in conflitto con le priorità della Direzione o degli altri Responsabili aziendali e, mio malgrado, sono costretto ad accettare delle situazioni che non mi soddisfano per niente.

Non riesco a contrastare politiche e decisioni che vanno nella direzione opposta a quella della Qualità.

In teoria, dovrei avere potere di vita o di morte su tutti gli aspetti aziendali che hanno un'influenza sulla Qualità. Nella pratica, ho la sensazione di contare molto poco in azienda.

Sono preoccupato perché ho il forte timore che, in queste condizioni, prima o poi, scoppi la "grana" gigante che mi costa il posto di lavoro.

In ogni caso, è faticoso e frustrante lavorare così!

Ho provato diverse strade, ma con scarsi risultati. Non so più bene cos'altro tentare e ti ho chiamato per vedere se hai qualche consiglio da darmi».

Andrea mi ha ascoltato molto attentamente senza fare alcun commento. Mi guarda ancora qualche istante in silenzio prima di iniziare a parlare con il suo solito tono pacato: «Ho capito perfettamente, Nicola. Io stesso in passato mi sono trovato in questa situazione.

È proprio come dici tu. Sulla carta avevo potere di "vita o di morte" su tutto ciò che riguardava la Qualità. Nella sostanza, facevo molta fatica ad imporre politiche e decisioni che ricadevano sotto la mia responsabilità.

È davvero stressante avere il peso della responsabilità della Qualità e nello stesso tempo non avere sufficiente autorità per potervi far fronte!».

«Mi hai capito perfettamente, Andrea!», lo interrompo. «E come hai fatto a saltarne fuori? Cos'hai fatto?».

Sorride nel vedere quanto la cosa mi stia a cuore: «Calma, Nicola. Non è qualcosa che possiamo affrontare qui in due minuti facendo quattro chiacchiere al bar.

Se vuoi, potremmo parlarne come si deve una di queste sere dopo cena a casa mia. Ti può andare bene?».

Acconsento più che volentieri e prendiamo allora accordi per vederci dopodomani.

Permeati dall'atmosfera di tranquillità della piazzetta, chiacchieriamo ancora un po' prima di salutarci e riconfermarci l'appuntamento serale.

Il problema e le sue cause

La casa di Andrea è una piccola villetta appena fuori città con un bel giardino.

Andrea è sposato ed ha due figli di qualche anno più grandi dei miei.

Dalla soglia della casa, Simona, la moglie di Andrea, mi invita ad entrare con un sorriso cordiale.

«Ciao Nicola, vieni pure avanti!».

Mentre cammino lungo il vialetto d'ingresso, arriva anche Andrea subito dietro di lei. Sono davvero una bella coppia. Entrambi di aspetto longilineo e molto simili nel modo di fare, cordiale e posato allo stesso tempo.

«Ciao Simona, ciao Andrea, come state? Tutto bene? Scusa Simona se vengo a rubarti il marito per un po' questa sera».

«No, non ti preoccupare, Nicola. Devo stare dietro ai compiti di Lorenzo, non avrei avuto in ogni caso tempo per il mio caro maritino!», mi rassicura ammiccando scherzosamente ad Andrea.

«Come quasi tutte le sere!» replica con voce "opportunamente" sconsolata, Andrea. «Ormai sono l'ultima ruota del carro! Vengo forse anche dopo il gatto! Non ti sentire in colpa perciò, Nicola. Vieni, andiamo nel mio studio».

Simona mi guarda ridendo e scuotendo la testa mentre ci dirigiamo verso lo studio.

Lo studio di Andrea è al piano terra della casa. Entrando dalla porta, di fronte c'è una bella scrivania in legno con il computer. Dietro la scrivania c'è una libreria alta fino quasi al soffitto piena di libri. Appesa al muro in una parete sulla destra, vedo una grande lavagna bianca. Una di quelle su cui si scrive con i pennarelli cancellabili.

Davanti alla scrivania ci sono due poltroncine semplici ma, in apparenza, molto comode.

A sinistra, una bella vetrata ampia si affaccia su un portico antistante al giardino. Il giardino è illuminato. Guardarlo dà una sensazione di pace e tranquillità.

«Ti posso offrire qualcosa da bere, Nicola?»

«No grazie, Andrea, sono a posto così.»

«Neanche un caffè?»

«No davvero, grazie, l'ho già preso a casa».

«Ok, allora, bando alle ciance e cominciamo! Accomodati dove vuoi, mentre accendo il computer ed il proiettore così puoi vedere anche tu sulla lavagna quello che andremo a scrivere. Ho intenzione di scrivere su un file, come promemoria, tutto ciò che riterremo importante ai nostri scopi».

Mi siedo su una delle due poltroncine e mi guardo intorno mentre aspetto che il computer ed il proiettore si avviino.

Quando tutto è pronto Andrea esordisce dicendo: «Allora, vediamo un po'... partiamo da quanto ci siamo detti al bar e proviamo a descrivere in poche parole il tuo problema.

Se è vero che un problema ben descritto è già mezzo risolto, iniziamo proprio da qui. Comincio a scriverlo. Leggilo sullo schermo per favore e dimmi se sei d'accordo».

Sento il ticchettio rapido delle sue dita sulla tastiera mentre leggo rivolto verso lo schermo.

Problema

Non ho sufficiente autorità e peso per poter realmente influire sulle politiche della Qualità dell'azienda

---

«Cosa ne dici, sei d'accordo, Nicola?»

«Pienamente, Andrea. Ottima sintesi e scelta di parole!».

«Bene! Proseguiamo allora. Che cosa fa un bravo RQ quando deve risolvere un problema di qualità?».

Mi ci vuole qualche secondo prima di intuire a che cosa si stia riferendo. Poi, conoscendo la sua passione per il Problem Solving, rispondo con sicurezza: «Cerca le cause alla radice del problema!».

«Bravo, Nicola! Sei preparato», commenta scherzoso.

Allora, secondo te, quali potrebbero essere le cause alla radice del tuo problema?».

«Hmm... bella domanda, Andrea». Rifletto in silenzio qualche istante accarezzandomi il mento con la mano prima di continuare: «Credo che il motivo principale sia il fatto che, per la mia Direzione, la Qualità non è un fattore strategico per la crescita dell'azienda.

Credo che l'ing. Mancini sia convinto che l'attuale livello di Qualità sia in qualche modo soddisfacente e che non ci sia molto altro da fare a riguardo.

Anche se ai clienti mostra con orgoglio la certificazione ISO/TS 16949, nei fatti presta attenzione alla Qualità e all'SGQ solo quando scoppia un problema di una certa rilevanza o una settimana prima dell'audit.

I nostri Costi della Qualità sono tutto sommato contenuti e, secondo lui, gli investimenti per ridurli superano di gran lunga i benefici.

In breve, credo proprio che pensi che i miei compiti si riducano ad evitare che scoppino grane troppo grosse e soprattutto a mantenere la certificazione. Tra l'altro, da qualche suo commento a proposito di quest'ultima, ho capito che vede la certificazione e l'SGQ come qualcosa di troppo burocratico».

Guardo Andrea scrutandone l'espressione per qualche secondo, poi concludo: «Ecco. Queste penso siano le vere ragioni alla radice del mio problema.

In ultimo, aggiungerei anche il fatto che sono un semplice impiegato che ha a che fare con dei colleghi di livello superiore a cui non piace molto sentirsi dire cosa devono fare. E questo non mi facilita di certo le cose».

Andrea scuote la testa in segno di dissenso: «No, non credo che questo sia una delle cause del tuo problema.

Se tu avessi il pieno supporto della Direzione, avresti anche l'autorità necessaria per dire a un dirigente quali sono le politiche della Qualità che deve seguire. Non credi, Nicola?».

«Hmm... sì, probabilmente hai ragione, Andrea, ma diciamo che, al momento, anche questo mi crea dei problemi».

Andrea non commenta e si mette a scrivere di buona lena al computer. Mi volto verso lo schermo per vedere di cosa si tratta.

Dopo un minuto è chiara l'intenzione di Andrea di schematizzare i collegamenti tra il problema e le sue cause alla radice.

«Ok, Nicola, è chiaro questo diagramma causa-effetto? Ti ritrovi in quello che ho scritto?».

Osservo il diagramma attentamente ancora qualche istante: «Sì, è chiaro, Nicola. Riassume perfettamente la mia situazione».

«Bene. Non perdiamo tempo allora, cominciamo dalla causa in basso a sinistra.

Ha ragione o no la tua amata Direzione a pensare questo?».

«Beh, certo che no, Andrea!», rispondo immediatamente. «Il miglioramento continuo è uno dei cardini della Qualità. Se ti fermi sei perduto. Non credi?», gli chiedo un po' stupito della domanda.

Andrea si alza dalla scrivania. Comincia a camminare avanti ed indietro e, dopo qualche su e giù, si ferma rivolto verso di me: «Immagina di essere tu al posto del tuo Direttore. Il famoso e temutissimo Direttore Gori!», dice sorridendo.

Come Direttore, riporti direttamente alla proprietà o al consiglio di amministrazione dell'azienda e, in questo momento, ti trovi davanti al CDA[7] per presentare il conto economico dell'anno appena trascorso.

Qual è la prima cosa che il CDA vuole sapere?».

Calandomi divertito nella scena, cambio per un attimo parte immedesimandomi in un membro del CDA: «Quanto abbiamo guadagnato quest'anno, caro Direttore?».

«Ben detto, caro Direttore!», esclama divertito Andrea. «Questa è proprio la prima misura con cui il CDA valuta il tuo operato.

Quindi è ovvio che il tuo primo obiettivo come Direttore è quello di fare profitto. Fare fruttare gli investimenti degli azionisti o della proprietà dell'azienda!».

Si ferma, mi guarda un istante, poi riprende immediatamente: «Allora, Direttore, quali sono le attività a cui darai maggiore importanza e priorità se vuoi prendere l'aumento a fine anno?».

Ho capito dove vuole arrivare e gli rispondo senza esitare: «Beh, è ovvio. Darò priorità a tutte quelle attività che mi portano i maggiori guadagni nei tempi più brevi possibili!».

«Ancora giusto, caro Direttore! Quindi, se sai che migliorando la Qualità porteresti a casa un + 0,5% di maggiore guadagno e che invece, migliorando un'altra cosa porteresti a casa un +5%. A che cosa daresti priorità?».

«Hmm... ho capito cosa vuoi dire. Però, scusa, non potrei cercare di fare entrambe le cose?».

«Sì, certo, potresti. Purché le risorse umane e finanziarie siano sufficienti e le attività non siano in conflitto tra di loro.

---

[7] Consiglio di Amministrazione

Se tu volessi, per esempio, lanciare una campagna di riduzione dei costi delle forniture. Non rischieresti forse un lieve peggioramento nella qualità delle forniture se pensi di portarti a casa un risparmio del 5%?».
«Eh, va bé, Andrea! Però questa è davvero una visione miope!» sbotto un po' spazientito. «Se peggiori la Qualità, prima o poi il conto da pagare sarà salato».
«Sono d'accordo, Nicola», mi risponde con il suo solito tono di voce calmo. «Dire però alla Direzione che è miope, non ci aiuta neanche un po' a risolvere il tuo problema.
Puoi dimostrargli che peggiorando lievemente la Qualità, il business dell'azienda diminuirà significativamente in futuro? Oppure, che dati hai che dimostrano che migliorando la Qualità si ridurranno significativamente i costi dell'azienda? Puoi supportare ciò che pensi con qualcosa di più di un "secondo me"?
Il tuo Direttore potrebbe effettivamente avere una percezione sbagliata e potreste davvero correre il rischio che il business diminuisca sensibilmente in futuro».
Rimango in silenzio un po' sorpreso dal fatto di non avere effettivamente molti dati o evidenze a supporto della mia opinione.
Andrea allora continua: «Negli anni 60, se qualcuno avesse detto al mega-Direttore di un industria automobilistica europea che presto avrebbe perso grosse fette di mercato se non avesse migliorato la qualità delle sue auto, questi gli avrebbe probabilmente riso in faccia.
Però quel mega-Direttore si sbagliava e, dopo qualche anno, il suo riso si sarebbe trasformato in pianto.
Quando negli anni 70 si affacciarono sul mercato europeo le molto più affidabili auto giapponesi, la minaccia di perdere una montagna di vendite era tale che i costruttori europei dovettero chiedere l'aiuto dei loro governi. Infatti, gli chiesero ed ottennero che le importazioni di auto giapponesi fossero limitate per un periodo di tempo sufficiente a recuperare il gap qualitativo.
In un battibaleno il mega-Direttore cambiò idea e fece della Qualità la sua bandiera.
Logico, no?».
"Eh sì, logica ferrea", penso tra me e me, prima di commentare: «Sì, Andrea, ho capito cosa vuoi dirmi. Se voglio far cambiare idea alla Direzione, devo andare alla ricerca di dati o evidenze che gli dimostrino che, "facendo" Qualità, i profitti possono aumentare oppure non corrono il rischio di diminuire drasticamente in futuro. Giusto?».
«Al cento per cento, Nicola!».
«Hmm... nel mio caso però, dove i Costi della Qualità non sono alti, non è mica una cosa tanto facile! E come dovrei fare?» replico un po'

perplesso.

«Sii paziente ancora un po', Nicola! Come fare lo vedremo dopo. Parliamo intanto dell'altra causa. Quella in basso a destra nel diagramma. Ha ragione la Direzione nel pensare che l'SGQ sia troppo burocratico e faccia fare delle cose a scarso valore aggiunto per l'azienda?».

Questa volta non credo che Andrea potrà smentirmi e rispondo subito con una certo vigore: «Certo che no! Gli SGQ sono basati sui requisiti degli standard ISO9001 e ISO/TS16949. Queste norme sono nate con il contributo dei massimi esperti della Qualità e contengono i modi più avanzati ed efficaci per gestire la Qualità. Si sbaglia certamente!»

Andrea non replica. Ricomincia a camminare su e giù per lo studio. Dopo un paio di avanti e indietro, si ferma per parlare di fronte a me: «Quando verso la fine degli anni 80 sono nati gli standard ISO 9000, l'aspettativa dei clienti era che il livello della Qualità di un'azienda certificata dovesse essere in qualche modo superiore a quella di una non certificata.

Purtroppo, dopo breve tempo, ci si accorse che le cose non stavano proprio così.

Anche oggi, non è poi così raro vedere aziende certificate con una prestazione qualitativa "scarsa" e, viceversa, aziende non certificate con prestazioni qualitative eccellenti.

Certamente il conflitto d'interessi tra l'ente che certifica e l'azienda che lo paga per essere certificata, ha contribuito a questa situazione. Ma questo non spiega tutto.

Fa una breve pausa e mi domanda: «Ti è mai capitato, Nicola, di fare degli audit a dei tuoi fornitori non certificati ma con ottime prestazioni qualitative?».

«Beh sì... qualche volta, Andrea», replico incerto.

«Allora avrai visto anche tu che questi fornitori hanno un SGQ con un numero molto limitato di documenti e registrazioni.

Questi SGQ non sarebbero assolutamente certificabili agli occhi di un ispettore di parte terza. Ciò nonostante, sono perfettamente funzionali alla loro realtà e gli permettono di garantire un ottimo livello qualitativo con il minimo dispendio di lavoro.

Viceversa, l'SGQ di un'azienda certificata, spesso prevede delle attività a scarso valore aggiunto per il proprio specifico contesto. In più, l'azienda è anche costretta a fare delle attività formali per dare le cosiddette evidenze all'ispettore di parte terza».

Guardo Andrea con aria un po' sorpresa e soprattutto confusa. Lui ha smesso di parlare, quasi in attesa di un qualche mio commento.

«Come, Andrea... non capisco, che cosa vorresti dire esattamente?» gli domando completamente disorientato.

Andrea ricomincia a camminare avanti e indietro a testa bassa per lo studio. Solo dopo un po' di andirivieni riprende a parlare: «Ti faccio un esempio concreto sempre nell'ambito degli audit ai fornitori. La tua azienda, come la mia ha la certificazione ISO/TS16949. Questa prevede che tu faccia almeno un audit all'anno a tutti i fornitori che non sono certificati almeno secondo la ISO 9001.

Come ti ho già detto, ho dei fornitori non certificati che non mi danno assolutamente alcun problema mentre ho dei fornitori certificati che devono assolutamente migliorare.

La logica mi direbbe di dedicare il mio tempo e le mie energie ai fornitori certificati problematici lasciando per il momento stare i fornitori non certificati virtuosi.

Purtroppo però, se non voglio beccarmi una non conformità, non posso farlo.

Sono lo stesso costretto a dedicare del tempo prezioso a fare un attività che in questo momento non mi porterà a casa dei benefici significativi, magari a discapito di un'altra più necessaria.

Sai meglio di me che quando le risorse non sono infinite, diventa estremamente importante utilizzarle nel migliore dei modi. Là dove più serve. Cercare di migliorare tutto contemporaneamente è la strada più sicura per non riuscire a migliorare niente!».

Si ferma per un istante, mi scruta un secondo per capire se l'ho seguito, poi conclude: «Ecco, questo è un caso dove per mantenere la certificazione, sei costretto a fare un'attività a scarso valore aggiunto. Dedicare del tempo a soddisfare dei requisiti che aiutano a migliorare il proprio lavoro dello 0,001% sottraendolo ad attività che potrebbero migliorarlo del 20% è qualcosa che va contro la logica ed il buon senso.

Se le risorse fossero infinite il problema non si porrebbe. Ma nel mondo reale, dove le risorse non sono mai in eccesso, il problema si pone pesantemente. Non trovi, Nicola?».

Prima ancora che possa ribattere, ormai lanciato, continua a sviscerare l'argomento: «Ti faccio un altro esempio, Nicola: le registrazioni dei controlli visivi in produzione o in accettazione arrivi.

Il più delle volte, registrare di aver fatto un controllo visivo scrivendo "OK" su un pezzo di carta o su un computer non serve a granché né all'operatore né a chi, per qualsiasi motivo, in un certo momento, volesse analizzare i dati storici. Ai fini della rintracciabilità, sarebbe per esempio sufficiente registrare solo gli esiti negativi dei controlli visivi. Si perde molto meno tempo a registrare le eccezioni.

Controllare e registrare, per quanto facile possa essere la registrazione, richiede in ogni caso un tempo superiore al solo controllare. In un mondo dove l'efficienza è tutto, registrare qualcosa senza che ci sia un valido motivo, è uno spreco di tempo inaccettabile.

Purtroppo, nella stragrande maggioranza dei casi, se un ispettore di parte terza non ha evidenza formale che il controllo visivo è stato in qualche modo registrato, storce il naso.

È un tipico esempio di burocrazia inutile. Sia l'ispettore che l'azienda sanno che queste evidenze non dimostrano di certo che l'operatore abbia fatto realmente il controllo. Entrambi sanno che l'operatore potrebbe tranquillamente scrivere tanti "OK" senza fare alcun controllo se volesse.

Sfortunatamente, molti ispettori sembrano essere più focalizzati sui "pezzi di carta", le cosiddette evidenze, anziché sui risultati».

«Caspita, Andrea!», esclamo allibito. «Ma allora, in pratica sei d'accordo con la mia Direzione!».

«No, Nicola, non è proprio così», mi risponde con la sua solita pacatezza. «La tua Direzione non ha tutti i torti, ma neanche tutta la ragione. I requisiti degli standard ISO non sono burocratici o poco utili di per sé. È il modo con cui è stato richiesto di applicarli che li può rendere tali.

Il meccanismo della certificazione è basato sul fatto che l'ispettore trovi delle evidenze formali che tutti i requisiti degli standard ISO siano rispettati.

Ciò fa sì che l'azienda sia costretta a perdere tempo prezioso in attività formali praticamente inutili o in attività che, nel suo contesto, non le servono a granché.

Così e stato almeno fino ad oggi. La appena emessa ISO 9001- 2015 è un primo passo per cercare di rimediare a questi problemi.

Purtroppo, questa eccessiva rigidità e formalizzazione applicativa, hanno avuto l'effetto di screditare tutto l'SGQ agli occhi della Direzione e del resto dell'azienda.

Si tende a fare di tutte le erbe un fascio e si bolla tutto l'SGQ come qualcosa di burocratico e poco utile. Ciò, ovviamente, non è vero.

Quando un'azienda è libera di applicare i requisiti più adeguati alle proprie esigenze senza doverlo dimostrare con delle "carte", cadono i lavori burocratici e poco utili e l'SGQ diventa uno strumento davvero potente per la gestione della Qualità.

Gli ispettori potrebbero limitarsi a verificare l'effettiva applicazione dei requisiti scelti dall'azienda certificandone soprattutto i risultati. Magari, per conferma, potrebbero anche fare qualche visita a campione ai principali clienti dell'azienda.

Quello che veramente conta sono i risultati. Rispettare uno standard senza avere dei risultati, non ha senso.

Allora sì che la certificazione avrebbe un valore riconosciuto e l'RQ sarebbe davvero una persona chiave in azienda.

Oggi, la stragrande maggioranza dei clienti non associa alla certificazione dell'azienda la garanzia di una prestazione qualitativa eccellente. E questo ti dice quanto sia ormai basso il valore della certificazione nel mercato».

Smette di parlare e mi guarda in attesa di un mio commento. Vedendo che rimango in silenzio, torna a sedersi alla scrivania.

Rifletto qualche secondo ancora, prima di esprimermi: «Devo dire che non avevo mai visto la certificazione da questo punto di vista. Ma mi hai messo qualche dubbio, Andrea. C'è del vero in quello che dici.

Credo che i cambiamenti significativi della ISO 9001-2015 siano proprio dovuti a queste tue considerazioni. L'analisi dei rischi e la semplificazione degli obblighi nella documentazione di sistema, sembrano effettivamente andare nella direzione di una minore rigidità formale ed applicativa.

Però la norma è appena uscita e prima di vederne gli effetti ci vorrà del tempo. Io avrei bisogno di una soluzione in tempi brevi. Che cosa potrei fare a questo punto? Stante queste condizioni, non credo sarà semplice far cambiare idea all'ing. Mancini sull'SGQ. Se poi ci aggiungo che devo anche dimostrargli che "fare" Qualità paga, comincio a pensare di essere di fronte ad una "missione impossibile"», concludo un po' scoraggiato.

Andrea non riesce a trattenere una risatina. Poi però, guardando la mia faccia non proprio allegra, torna serio e mi rassicura: «Se vogliamo che l'ing. Mancini cambi idea sull'SGQ bisogna logicamente ridurre al minimo le attività burocratiche e quelle a scarso valore aggiunto. Nello stesso tempo, attraverso i risultati, gli potrai dimostrare che ci sono delle attività dell'SGQ indispensabili per il mantenimento e per il miglioramento della Qualità.

Procediamo però un passo alla volta.

Abbiamo individuato le cause del tuo problema e intravisto la direzione delle soluzioni.

Ora siamo pronti per parlare in dettaglio di quest'ultime.

Direi però di fermarci qui per stasera. Sei d'accordo?».

«Sì, Andrea, va benissimo anche per me. È meglio non mettere troppa carne al fuoco.

Spero comunque che la cosa non ti crei troppo disturbo. Ti sono grato per il tempo che mi dedichi. Come avrai notato, sono ansioso di trovare quanto prima una soluzione al mio problema. Non vorrei però farti perdere troppo tempo».

«Tranquillo, Nicola», mi risponde mentre ci avviamo fuori dallo studio. «Mi fa sempre piacere aiutare un amico. Nel passato ho anch'io avuto le mie belle gatte da pelare e in qualche modo ho trovato delle mie soluzioni. Non le ho però mai espresse e analizzate in modo sistematico come vorrei fare adesso con te. Quindi non ti preoccupare, non mi disturbi per niente. Ti aspetto domani sera alla stessa ora».

Mi apre la porta di casa e ci salutiamo.

Mi incammino verso l'auto. Mi sento un po' più rinfrancato. Se c'è uno che può aiutarmi quello è proprio Andrea!

3 QUANDO LA QUALITÀ PAGA

Eccomi di nuovo nello studio di Andrea. Sono seduto sulla poltroncina mentre Andrea è in piedi vicino allo schermo dove appare il diagramma causa-effetto fatto ieri sera.
Andrea indica la prima causa in basso sulla sinistra e apre le danze.

> La Direzione pensa che la Qualità sia già buona così com'è e che, migliorarla, non aumenti i guadagni dell'azienda

«È arrivato il momento di vedere se è possibile dimostrare al tuo caro ing. Mancini che, migliorando la Qualità, l'azienda avrà dei benefici significativi in termini di maggiori guadagni o in termini di mantenimento del business in futuro».
«Va bene, Andrea. Sono pronto!», esclamo speranzoso. «Purtroppo, o forse dovrei dire per fortuna, non potremo usare i miei dati dei Costi della Qualità perché, come ti ho già detto, non sono molto significativi. L'ing. Mancini è sufficientemente contento e la sua attenzione è focalizzata su tutt'altri fronti!».
Andrea torna a sedersi dietro alla scrivania e si accarezza il mento con aria pensosa per qualche secondo: «Sì, capisco, Nicola. Però preferirei non dare niente per scontato. Vorrei procedere passo per passo "scannerizzando" questo argomento in tutti i suoi aspetti. Mi sento così più sicuro di aver preso in considerazione tutto ciò che può essere utile allo scopo. Ti dispiace, Nicola?».
«No, va bene Andrea», acconsento. «Ti seguo. Vai pure avanti».

Non c'era bisogno di dirglielo, si è già messo all'opera al computer commentando ad alta voce: «Allora, cominciamo banalmente col dire che, per avere un profitto, le entrate di denaro di un'azienda devono essere superiori alle uscite.

La Qualità influenza i flussi di denaro di un'azienda in questo modo, guarda sullo schermo, per favore».

Influenza della Qualità sul profitto dell'azienda

1. Aumento/Diminuzione delle entrate (vendite) in relazione al rapporto Qualità/Prezzo dei propri prodotti rispetto a quelli della concorrenza.

2. Aumento delle uscite (costi) in proporzione alla grandezza e alla frequenza dei problemi di qualità.

3. Diminuzione delle entrate (vendite) e/o aumento delle uscite (costi) in proporzione agli effetti collaterali che i problemi di qualità hanno sui flussi di lavoro dell'azienda.

Aspetta che io abbia finito di leggere, poi riparte subito: «Se parliamo di vendite, non credo ci sia bisogno di spiegare il perché il rapporto Qualità/Prezzo possa incidere positivamente o negativamente sulle entrate aziendali».

Annuisco muovendo lievemente la testa mentre Andrea prosegue: «Le uscite di denaro per problemi di Qualità, comprendono:

- Il valore dei materiali/prodotti resi o scartati
- Gli extra-costi per la gestione dei problemi quali, per esempio, risorse aggiuntive interne o esterne per controlli, rilavorazioni e selezioni, extra-costi di trasporto, ecc.
- Gli addebiti dei clienti

Nota bene, gli extra-costi per la gestione dei problemi, sono quei soldi in più che l'azienda è costretta a spendere a causa dei problemi di qualità.

Per essere più chiaro, il tempo che un venditore perde per la gestione di un problema di qualità con un cliente non è un extra-costo per l'azienda. Il venditore, a fine mese, percepisce lo stesso stipendio indipendentemente da quanti problemi di qualità ha gestito. Certo se i problemi sono tanti, il suo lavoro primario di venditore ne risentirà e per questo motivo potrebbe vendere meno prodotti.

Questa diminuzione nelle vendite rientra tra le perdite indicate al punto "3".

Dal punto di vista delle uscite di denaro, il venditore non fa spendere un euro di più all'azienda per la gestione del problema di qualità.

Viceversa se, per esempio, per far fronte al grande numero di problemi nelle forniture, l'azienda è stata costretta ad assumere del personale aggiuntivo in Accettazione Arrivi, gli stipendi di questo personale aggiuntivo sono a tutti gli effetti degli extra costi per l'azienda.

Mi lancia un'occhiata veloce per vedere se lo sto seguendo. Poi si alza dalla scrivania, si avvicina allo schermo e, indicando il terzo punto, prosegue: «In ultimo, quando scoppia un problema di qualità, si crea sempre una perturbazione più o meno grande nel normale flusso di lavoro dell'azienda. Il programmatore della produzione potrebbe essere costretto a modificare il piano di produzione, il progettista o il tecnologo potrebbero essere costretti a ritardare qualche loro lavoro e lo stesso potrebbe accadere all'Ufficio Acquisti o alle Vendite.

Quando le perturbazioni sono grandi o sono tante, le attività aziendali possono subire dei rallentamenti significativi.

Ritardi nelle consegne, ritardi nel lancio di nuovi prodotti, ritardi nell'avanzamento di importanti progetti di miglioramento, inefficienze produttive, sono alcuni esempi di questi rallentamenti.

Di fatto, i problemi di qualità hanno sempre l'effetto collaterale di rallentare e ritardare delle attività aziendali. Quando questi rallentamenti e ritardi, sono significativi, anche il flusso dei guadagni può ridursi drasticamente».

Smette per un secondo di parlare. Poi, forse per la mia faccia ancora un po' perplessa, riprende: «Per chiarirti ancora meglio questo terzo punto ti faccio un'analogia "idraulica"».

Alzo un sopracciglio incuriosito mentre Andrea continua: «Un problema di qualità genera un rallentamento nelle attività aziendali, allo stesso modo con cui un masso che cade nel letto di un torrente ne rallenta il flusso.

Quando un masso di certe dimensioni cade nel letto di un torrente, si genera una strozzatura che diminuisce la portata d'acqua fino a che non è rimosso. Analogamente, un problema di qualità, fino a che non è risolto, diminuisce il flusso di lavoro dell'azienda.

Quanti più massi cadono, tanto più la portata del torrente si riduce.

Analogamente, tanto più grandi e frequenti sono i problemi tanto di più si riduce il flusso di lavoro dell'azienda e, di conseguenza, il flusso dei suoi guadagni».

Si ferma, mi guarda sorridendo e mi chiede: «Cosa te ne sembra, Nicola, rende l'idea?».

«Sì, Andrea, bella analogia! Ho capito perfettamente il concetto. Mi domando però se sia semplice stimare quale sia l'impatto dei problemi sui flussi di lavoro e quindi sui guadagni dell'azienda».

Andrea non si scompone. Sta osservando attentamente i tre punti sullo schermo ignorando, in apparenza, la mia domanda.

Poi, senza distogliere gli occhi dallo schermo, con tono riflessivo mi dice che ne avremmo parlato più avanti e che ora voleva invece iniziare a parlare del primo punto.

Prima strada: il Rapporto Qualità/Prezzo

«Parliamo dell'effetto che il rapporto Qualità/Prezzo dei tuoi prodotti può avere sulle vendite.

Si rimette quindi a "passeggiare" pensoso.

«Hmm... compito per niente facile», commento. «Mi sembra sia un compito da assegnare più all'Ufficio Commerciale che alla Qualità».

«Sì, non hai tutti i torti, Nicola», replica alzando un istante lo sguardo verso di me. «Sicuramente le Vendite devono essere coinvolte. Ma è bene che questo tipo di indagine sia fatta in stretta collaborazione con la Qualità. Non sempre i commerciali hanno una chiara percezione di cosa voglia dire Qualità di un prodotto e che cosa percepiscono i clienti a riguardo.

Certo, se i tuoi prodotti si guastano di più rispetto a quelli concorrenti, non ci vogliono studi approfonditi per capire che il tuo livello qualitativo lasci a desiderare. Però, sai bene che la parola Qualità non è solo sinonimo di assenza di guasti o difetti. Questo è solo uno degli elementi della qualità di un prodotto».

Fa un paio di su e giù senza parlare. Si ferma, torna a sedersi e si lascia quasi andare sulla poltroncina girevole. Gira la poltroncina oscillando leggermente un paio di volte a sinistra ed a destra, poi si sporge verso di me appoggiando i gomiti sulla scrivania e prosegue: «Ti voglio raccontare una mia esperienza di un paio d'anni fa, Nicola.

La mia azienda, ha una famiglia di prodotti che vendiamo a dei distributori in diverse nazioni europee. Questi clienti, allora e tutt'ora, percepiscono che i nostri prodotti sono di qualità superiore rispetto a quelli della concorrenza. Sono perciò disposti a pagare per essi, un prezzo più alto.

Con l'avanzare della crisi, anche loro però sono diventati sempre più sensibili al prezzo e, su alcuni di questi prodotti, ci hanno abbandonato per passare alla concorrenza. Riconoscono ancora che il nostro è un prodotto di qualità superiore, ma dicono che è troppo caro per i tempi che corrono.

Colpito da questo fatto, cercai di capire meglio quanto pesasse il fattore Qualità nelle scelte dei nostri clienti.

Iniziai l'indagine chiedendo ai nostri commerciali perché i clienti percepissero che i nostri prodotti fossero di qualità superiore a quelli dei concorrenti. Le risposte che ottenni furono un po' vaghe e, stringi stringi, si riducevano al fatto che i nostri prodotti erano fatti con materiali migliori.

Non molto convinto, proposi allora ad alcuni venditori di fare insieme delle interviste a qualche cliente.

Il risultato fu lo stesso. Anche loro parlavano di materiali migliori. Quando gli chiesi se questo facesse una qualche differenza nel numero dei reclami dei clienti finali o nella durata del prodotto, scoprii che in realtà non c'era alcuna prova di questo.

Dopo diverse interviste, dovetti arrendermi al fatto che anche la percezione dei clienti distributori era uguale a quella dei nostri commerciali.

Deciso ad andare fino in fondo alla questione, estesi allora l'indagine ai clienti finali. Contattai alcune aziende di trasporti che compravano questo tipo di prodotti per i loro mezzi. Con mia grande sorpresa, dopo non molto scoprii che esse non percepivano nessun reale vantaggio nell'usare i nostri prodotti anziché quelli dei concorrenti.

Mi fu così improvvisamente chiaro il motivo per cui diversi distributori non compravano più da noi certi prodotti. Di fatto, per i clienti finali, la nostra Qualità era equivalente a quella dei prodotti meno cari. Perciò, il rapporto Qualità/Prezzo era sicuramente a favore dei nostri concorrenti.

Come ovvia conseguenza, sempre più clienti finali richiedevano ai distributori i prodotti della concorrenza.

Logico! Non è vero, Nicola?».

Senza aspettare la mia risposta scontata, subito continua: «L'aspetto positivo di tutta questa faccenda è che mi fece diventare molto più consapevole del reale significato di "prodotto di qualità superiore"».

Si ferma, mi guarda fissamente per qualche istante, poi mi chiede: «Ci hai mai pensato, Nicola? Quand'è che un prodotto è di qualità superiore rispetto ad un altro?».

Preso un po' alla sprovvista parto dalla cosa più ovvia: «Beh, sicuramente quando si guasta di meno o ha meno difetti dei prodotti concorrenti».

«Giusto, è vero, e poi?», non mi dà tregua.

«Hmm... beh, ovvio, se dura più a lungo degli altri oppure ha delle prestazioni funzionali migliori».

«Ancora giusto, Nicola! Inoltre, ti aiuto io, può essere considerato di qualità superiore anche un prodotto che ha delle funzioni accessorie che gli altri non hanno».

Annuisco con la testa mentre Andrea continua: «Questi sono i quattro elementi che costituiscono la qualità di un prodotto.

Credo che valga la pena scriverli sul nostro file». Si siede dietro il computer e comincia a scrivere veloce.

I Quattro Elementi della Qualità di un prodotto (QEQ)

1. Affidabilità[8] e Assenza di difetti (Conformità)
2. Durata
3. Prestazioni delle funzioni primarie
4. Presenza e Prestazioni delle funzioni accessorie

«Ecco fatto, Nicola!», esclama soddisfatto. «In breve, guardando questi quattro elementi, verrebbe da dire che un prodotto può dirsi di qualità superiore se almeno uno di essi è di livello superiore rispetto ai prodotti concorrenti. Giusto?».

Lo guardo con una punta di sorpresa e penso: "Perché ha detto verrebbe da dire? Non è forse così?"

Rispondo quindi un po' esitante: «Eh beh... sì, è così, Andrea. Perché stai usando il condizionale?».

«Perché, come ti ho appena raccontato, il cliente potrebbe vederla in modo differente», ribatte con la sua solita calma.

«Perché il cliente lo consideri davvero un prodotto di qualità superiore, il livello dei QEQ da solo non è sufficiente. Deve essere valida un'altra condizione». Si ferma e mi guarda per vedere se ho afferrato il punto. Non vedendo alcuna reazione da parte mia, me lo domanda direttamente: «Hai capito quale?».

Ripenso velocemente al suo racconto, alla ricerca di un indizio. Sto quasi per arrendermi quando un lampo di intuizione mi "illumina": «Ma certo, Andrea! La condizione è che, al livello superiore di uno qualsiasi dei QEQ, si accompagni un beneficio superiore per il cliente. Solo così il cliente lo considererà a tutti gli effetti un prodotto di qualità superiore a quello dei concorrenti».

«Eccellente, Nicola! Complimenti! Proprio così!».

«La Qualità di un prodotto va vista con gli occhi del cliente, non con quelli del progettista.

È inutile fare un prodotto con delle prestazioni eccezionali o che duri

---

[8] Affidabilità di un prodotto = Probabilità che un prodotto riesca a svolgere le previste funzioni primarie e secondarie per un certo periodo di tempo (Durata), senza avere dei guasti che ne impediscano o limitino l'uso.

venti anni se il cliente non ne ha in qualche modo dei benefici.

Avrebbe senso usare della carta più resistente all'usura per un giornale quotidiano? Che beneficio ne avrebbe il cliente che butta via il giornale dopo 24 ore?

"Qualità superiore" è sinonimo di "Beneficio superiore" per i clienti.

Se uno qualsiasi dei QEQ del tuo prodotto è superiore a quello dei tuoi concorrenti, ma non dà alcun maggior beneficio ai tuoi clienti, non ti aspettare un aumento delle vendite. Neanche a parità di prezzo di vendita».

«Eh sì, non c'è niente da dire, Andrea!», concordo. «È logico pensare che il cliente preferirà sempre comprare il prodotto con il miglior rapporto "Beneficio/Prezzo".

«Già, Nicola, il rapporto "Beneficio/Prezzo" fa la differenza. Vale perciò la pena spendere due parole su quali siano i benefici che maggiormente influenzano le scelte dei clienti.

A tal proposito, riprendo il caso reale di cui abbiamo già parlato. Torniamo di nuovo negli anni 70 quando cominciarono ad affacciarsi nel mercato europeo le molto più affidabili auto dei costruttori giapponesi.

All'epoca, per gli automobilisti europei era abbastanza normale che un auto si guastasse un certo numero di volte nei primi 100.000 Km. I costi sostenuti dalle case automobilistiche per gli interventi in garanzia erano sicuramente molto più alti di quanto non siano adesso. Ciò nonostante, come abbiamo già detto, a quel tempo, nessuna Direzione delle case costruttrici europee avrebbe prestato molta attenzione ad un RQ che avesse voluto migliorare l'affidabilità delle auto vendute. Le auto si vendevano, i guadagni erano buoni ed i clienti non si lamentavano più di tanto.

Le cose cambiarono improvvisamente quando arrivarono i guastafeste: i costruttori d'auto giapponesi.

Gli automobilisti europei si accorsero che esistevano auto molto più affidabili di quelle a cui erano abituati e le cominciarono a comprare nonostante non avessero un'estetica eccezionale e girasse la voce che fosse difficile ottenere le parti di ricambio.

Non è difficile capire quali fossero i benefici che spingevano gli automobilisti a comprare auto giapponesi.

Meno soldi e tempo speso in riparazioni. Soprattutto quando l'auto andava fuori dal periodo di garanzia che, all'epoca, era di un anno.

E non solo questi benefici. Una maggiore affidabilità, vuol dire anche meno imprevisti e inconvenienti. È quindi sempre associata ad una maggiore sicurezza e tranquillità di guida.

Perciò, ai precedenti benefici materiali, si aggiungevano dei benefici "immateriali" esprimibili, in generale, come un maggior benessere fisico e psicologico.

Puoi quindi ben capire perché le scelte degli automobilisti europei cominciarono ad orientarsi verso le auto giapponesi.

Proprio un brutto affare per i costruttori europei! Per anni avevano dormito sonni tranquilli ed ora erano completamente spiazzati.

Abbiamo già detto quale fu la soluzione geniale che trovarono per rimediare al gap qualitativo con le auto giapponesi. Consapevoli che il gap era troppo elevato per essere recuperato in tempi brevi, fecero pressione sui governi perché imponessero dei limiti alle importazioni di auto giapponesi in Europa per un certo numero di anni».

«Evviva la libera concorrenza!» esclamo, interrompendolo. «Per anni hanno snobbato la Qualità e adesso che ne toccavano con mano le conseguenze chiedevano l'aiuto dei "papà" politici. Comodo! Una qualsiasi altra azienda sarebbe probabilmente fallita».

«Lo puoi ben dire, Nicola. Fu proprio così che, improvvisamente, le Direzioni dei costruttori europei scoprirono la Qualità.

Parlare di Qualità era diventato di moda, Le fabbriche si riempirono di manifesti e slogan inneggianti alla Qualità».

«Ah, allora sì che erano bei tempi, Andrea!» dico con un'aria fintamente nostalgica».

Andrea fa una mezza smorfia accompagnata da un gesto della mano come a dirmi "Lascia stare!", poi si mette a scrivere rapidamente al computer.

Dopo neanche un minuto leggo sullo schermo:

Benefici che orientano la scelta dei clienti

- Risparmi o guadagni di denaro e/o tempo

- Maggiore benessere fisico e/o psicologico

«Sei d'accordo, Nicola?».

«Hmm... sì, Andrea». Poi non riesco a trattenermi dal commentare ridendo: «Una cosa è certa, Andrea. Hai proprio il dono della sintesi. Sono convinto che potresti fare il riassunto della Divina Commedia in una paginetta! In due righe ci sono dentro tutti i benefici immaginabili!».

Andrea mi guarda un po' sorpreso, poi sorride divertito e mi conferma di essere sempre stato molto stringato fin dai tempi della scuola quando, per fare il tema d'italiano, faceva una fatica tremenda a raggiungere il minimo sindacale di una pagina e mezzo di foglio protocollo.

Non faccio fatica a crederci.

Alleggeriamo per qualche minuto la serata ricordando qualche episodio divertente dei bei tempi della scuola. Poi, ligio al dovere, Andrea ritorna a bomba.

«Bene, Nicola! Ora che siamo consapevoli che il vero significato del rapporto "Qualità/Prezzo" è quello di "Beneficio/Prezzo", ci aspetta un compito bello ma impegnativo».

«Ah sì? E quale di grazia, Andrea? chiedo incuriosito.

Sorride tenendomi un po' in sospeso prima di soddisfare la mia curiosità: «In primo luogo, come RQ è bene sapere se i livelli dei Quattro Elementi della Qualità dei propri prodotti, i QEQ, siano tali da dare ai clienti dei benefici che li soddisfano.

In secondo luogo, è bene sapere se questi benefici siano o non siano superiori a quelli che i clienti riceverebbero se comprassero i prodotti della concorrenza.

In terzo luogo, è anche opportuno cercare di scoprire se esistono dei modi per dare maggiori benefici o altri benefici ai clienti».

«Hmm... spiegati meglio, Andrea», replico un po' turbato. «Che cosa praticamente dovrei fare?».

«Semplice, Nicola. Devi andare alla ricerca di queste informazioni andando a trovare i clienti e facendo l'analisi dei prodotti concorrenti.

«Caspita, Andrea! Continuo a pensare che non sia compito dell'RQ fare queste attività. Sta alle Vendite/Marketing o tutt'al più alla Progettazione fare queste cose».

«No, Nicola!» ribatte in tono perentorio. «Come RQ, non puoi permetterti di avere queste informazioni in via indiretta attraverso le altre funzioni. Dall'esperienza che ti ho raccontato, non è detto che abbiano le idee chiare in proposito ed è troppo importante che tu capisca bene come stiano le cose.

Inoltre, non ci crederai, ma questo ti darà una forza ed un'autorità inaspettata in azienda. Quando parlerai di cosa il cliente si aspetta dal punto di vista della Qualità, difficilmente potrai essere contestato perché si sa che ne stai parlando per esperienza diretta. E sai bene che quello che il cliente vuole, diventa legge per un'azienda che vive vendendo i propri prodotti nel mercato.

La stessa Direzione presterà molta più attenzione a ciò che dici e vuoi fare.

Ai tempi delle crociate si diceva "Dio lo vuole!". Ora invece il tuo motto sarà "Il cliente lo vuole!"», esclama con il dito indice puntato verso l'alto.

Scoppiamo a ridere divertiti. Poi Andrea torna serio e prosegue: «Comunque, non è una cosa che devi fare da solo. Conviene fare queste visite insieme alle Vendite o al Marketing. Tra l'altro, non devi poi inventarti nessuna scusa per farlo. Rientra già tra le cose che gli standard ISO ti chiedono di fare. La famosa indagine sulla soddisfazione dei clienti che immagino tu stia facendo inviando annualmente il solito questionario via e-mail. Giusto Nicola?».

«Beh...», rispondo un po' imbarazzato, «effettivamente è proprio così.»

Ridacchiando, Andrea commenta: «Beh, sai bene che così come viene generalmente fatto, è il classico "pezzo di carta" da mostrare agli ispettori durante l'audit.

Mandare un questionario via e-mail ad un cliente chiedendogli se è soddisfatto dei prodotti e dei servizi della tua azienda non è proprio il modo più efficace ed attendibile per ottenere delle informazioni di un qualche valore.

Il più delle volte il cliente non ti risponde perché non ha voglia e tempo di mettere delle crocette sul tuo questionario. Oppure ti risponde mettendo distrattamente delle crocette qui e là cercando di non dare giudizi troppo positivi o troppo negativi.

È meglio smettere di fare le cose ad uso e consumo degli ispettori della certificazione e fare qualcosa che sia realmente utile a te ed all'azienda».

«Sì, hai ragione, Andrea.», ammetto.

«Hai qualche suggerimento da darmi per fare questa indagine?».

Andrea riflette un attimo prima di rispondermi. Si alza, gira intorno alla scrivania e mi si avvicina. Mi offre delle caramelle da un barattolo di vetro e mi suggerisce: «All'inizio, conviene farsi aiutare dalle Vendite o dal Marketing per organizzare delle visite congiunte a campione ai principali clienti. Gli spieghi cosa vuoi fare per valutare la soddisfazione dei clienti e ti prepari anticipatamente gli argomenti di cui vuoi parlare e le domande che desideri fare.

È preferibile concordare preventivamente con i clienti l'agenda della visita in modo da avere la possibilità di raccogliere quante più informazioni possibili. Se fattibile, chiedigli anche di avere l'opportunità di osservare come usano il prodotto nella pratica quotidiana e tutto ciò che ha una qualche attinenza con esso.

Se i tuoi clienti diretti non sono gli utilizzatori finali del tuo prodotto, cerca di estendere l'indagine anche a questi.

Il tuo obiettivo, l'abbiamo già detto, è triplice. Devi cercare di capire se i QEQ dei tuoi prodotti stiano dando ai clienti i benefici che si aspettano, se questi benefici siano superiori o inferiori a quelli dati dai prodotti concorrenti, se esistano dei modi per dare maggiori benefici o altri benefici ai clienti.

Osserva, chiedi e ascolta.

Osserva il cliente mentre usa il prodotto, domandagli che cosa gli piace e che cosa non gli piace del tuo prodotto, che cosa eventualmente cambierebbe e come lo cambierebbe, ecc. ecc.

Annota e registra tutto ciò che dice.

Così facendo, comprenderai quali elementi della Qualità sono più importanti per i clienti. Inoltre, capirai anche se sia necessario recuperare un gap qualitativo con i concorrenti o, all'opposto, se si possa acquisire un vantaggio competitivo su di loro.

Questa conoscenza, unita alle informazioni che i venditori hanno sui prezzi praticati dai concorrenti, ti fanno capire l'impatto che, il rapporto "Qualità/Prezzo", Q/P, dei tuoi prodotti, ha sulle vendite attuali e potrà avere sulle vendite future sia in positivo che in negativo, in funzione del rapporto Q/P dei prodotti concorrenti».

Detto questo torna a sedersi dietro alla scrivania.

«Ok, grazie per i suggerimenti, Andrea. E che cosa mi dici dell'analisi dei prodotti della concorrenza?», lo incalzo. «Nella mia azienda questa attività è fatta dall'Ufficio Tecnico. Anche se, a dir la verità, non è fatta in modo molto sistematico. Cosa potrei fare come RQ?».

«Ah, sì, Nicola, grazie per avermelo ricordato. È bene che anche tu sia coinvolto in questa attività. L'analisi dei prodotti concorrenti ti permette di avere ulteriori informazioni sulle eventuali differenze nei benefici dati ai clienti.

L'analisi della concorrenza ha naturalmente anche altri obiettivi, ma l'obiettivo primario dell'RQ è questo.

Partecipa perciò a questa attività trasferendo agli enti tecnici le informazioni che ricevi durante le visite ai clienti ed elaborando i risultati dell'analisi in funzione di questo obiettivo».

«Hmm, bel programmino, Andrea!», commento, «mi hai trovato dell'altro lavoro da fare. Mi farò pagare uno stipendio anche come uomo del marketing e dell'ufficio tecnico, a questo punto».

Andrea ride divertito, si sporge in avanti appoggiando i gomiti sulla scrivania e ribatte scherzosamente: «Eh sì, buona idea! Parlane con il tuo caro Ing. Mancini, sono sicuro che ti accontenterà. Io intanto comincio a scrivere questa prima strada per dimostrargli che la Qualità paga».

Lo seguo sullo schermo. In un paio di minuti, finisce di scrivere.

PRIMA STRADA: IL RAPPORTO QUALITÀ/PREZZO

Valutare l'impatto sulle vendite attuali o future del rapporto **Qualità/Prezzo = Benefici/Prezzo** dei propri prodotti rispetto a quelli concorrenti, attraverso:

INDAGINE SULLA SODDISFAZIONE DEI CLIENTI

Insieme alle funzioni commerciali, visitare i clienti diretti e finali per conoscere:

1. Se l'attuale Rapporto Qualità/Prezzo sta dando ai clienti i benefici che si aspettano

2. Se questi benefici sono superiori, uguali od inferiori a quelli dati dai prodotti concorrenti

3. Se esistono dei modi per dare maggiori o altri benefici ai clienti

ANALISI DEI PRODOTTI DELLA CONCORRENZA

Insieme alle funzioni tecniche, analizzare i prodotti della concorrenza per sapere se le loro caratteristiche e funzioni danno ai clienti dei benefici superiori, uguali o inferiori ai propri prodotti.

PRESENTAZIONE DATI E PROPOSTE DI MIGLIORAMENTO

Qualora ci sia un gap sfavorevole o ci sia la possibilità di ottenere un gap positivo rispetto ai concorrenti, insieme alle Vendite/Marketing presentare alla Direzione questi dati e delle proposte di miglioramento comprensive di obiettivi, azioni, tempi ed eventuali investimenti.

«Ecco!» esclama Andrea alzando la testa dalla tastiera. Aspetta che anch'io finisca di leggere e poi mi domanda: «Cosa ne pensi, Nicola? È una strada percorribile nella tua azienda?».

«Sì», rispondo senza esitazioni. «Questa potrebbe essere adatta alla mia situazione aziendale. Ho però paura che per alcuni nostri prodotti non ci siano spazi di miglioramento qualitativi tali da dare dei benefici significativi ai clienti. Per questi prodotti, non posso che dare ragione all'ing. Mancini. Occorre focalizzarsi su qualcos'altro per aumentare i guadagni aziendali. Non pensi anche tu, Andrea?».

Andrea riflette qualche istante prima di rispondere, quasi a voler scegliere accuratamente il tipo di risposta da darmi. «Certamente questa è una possibilità, Nicola», dice in tono pacato. «Però, a dirla tutta, anche in questo caso puoi ugualmente percorrere questa strada.

Anziché lavorare sul numeratore devi spostare l'attenzione al denominatore del rapporto "Qualità/Prezzo". Devi cioè lavorare per ridurre il prezzo di questi prodotti».

«Come?» sbotto un po' sorpreso, sporgendomi in avanti verso di lui. «Non mi vorrai dire che anche questo sia un affare di competenza dell'RQ, spero! Se andiamo avanti così, tra un po' faccio tutto io in azienda, dalle ricerche di mercato fino alla pulizia dei servizi», aggiungo con una risatina.

Accenna ad un sorriso ma non si scompone più di tanto. Mi guarda fisso per qualche secondo prima di iniziare a parlare col suo solito aplomb inglese: «Beh, di certo non è affar tuo se le Vendite decidono di fare lo sconto ai clienti.

Ma se questo non è possibile e dalle visite capisci che per dare dei benefici ai clienti, devi ridurre il prezzo diminuendo i costi senza però alterare il livello dei QEQ, che fai? Ti disinteressi completamente? Non sarebbe invece una bella sfida da raccogliere? Perché non farsene promotore in azienda?

Potresti fare il coordinatore di questo che a tutti gli effetti è un progetto di miglioramento. Alla fine, in ogni caso, sei tu che devi validare il progetto garantendo che i QEQ rimangano gli stessi. Seguendolo di persona saresti sicuramente più tranquillo di non andare incontro a sorprese. Non trovi, Nicola?».

Alzo le braccia al cielo in segno di rassegnazione mentre replico: «Probabilmente hai ragione tu, Andrea. Ma non è sicuramente la strada che preferisco percorrere. Soprattutto se ridurre i costi vuol dire delocalizzare le produzioni in paesi low-cost. Non è certo un progetto di miglioramento che mi sentirei di sponsorizzare!».

«No, in questo caso hai ragione tu, Nicola», si affretta a ribattere. «La delocalizzazione non è certo il tipo di riduzione costi a cui pensavo!

Questa, tra l'altro, è un "miglioramento" facilmente copiabile dai tuoi concorrenti.

Io invece stavo pensando a modifiche progettuali, produttive o anche organizzative che possano ridurre i costi dei prodotti senza essere troppo "trasparenti" per i tuoi concorrenti. Qualcosa di simile alla lavorazione della Nutella», aggiunge ridendo.

«Questo sì che ti dà bel vantaggio competitivo sui tuoi concorrenti!».

Detto questo, tira fuori dal mobiletto dietro di lui una bella bottiglia di grappa e la versa velocemente in due bicchieri. Mi porge il mio e ammiccando mi dice: «Se riusciamo a fare qualcosa di simile alla Nutella, ci siamo sistemati per sempre, Nicola!».

«Certo!», gli dico di rimando. «Hai per caso qualche suggerimento per i miei prodotti, Andrea?».

«Potrebbe anche essere, Nicola, ma dovrai pagarlo molto caro!».

«Ah, ecco scoperta la tua indole venale! Ma come, non lo faresti per un amico?».

Ridiamo divertiti continuando a scherzare mentre sorseggiamo l'ottima grappa.

Siamo entrambi contenti del lavoro fatto. Vorrei andare avanti ma si è fatto tardi e siamo un po' stanchi. Ci mettiamo d'accordo per domani sera e ci salutiamo.

Salgo in macchina l'accendo e parto. Mi sento più leggero. Mi sembra di vedere una via d'uscita. Questa prima strada potrebbe essere promettente. Non so cosa ne uscirà, ma almeno adesso ho una direzione e voglio davvero provare a seguirla.

È una bella serata estiva e si guida bene a quest'ora. Non c'è traffico e presto sarò a casa dalla mia famiglia.

Seconda strada: i Costi della Qualità

La giornata di lavoro è passata bene senza troppi intoppi. Non vedevo l'ora di incontrarmi ancora con Andrea questa sera.

Siamo nel suo studio e Simona ci ha appena portato due caffè. Dopo esserci rilassati chiacchierando per qualche minuto, Andrea appoggia la tazzina nel vassoio sulla scrivania e decide di iniziare. Con qualche rapido ticchettio sulla tastiera fa apparire sullo schermo i tre punti dell'influenza della Qualità sul profitto dell'azienda.

«Allora, Nicola, parliamo del secondo punto: i costi generati dai problemi di qualità. Generalmente chiamati Costi della Qualità o Costi della non Qualità!

2. **Aumento delle uscite (costi) in proporzione alla grandezza e alla frequenza dei problemi di qualità.**

Credo che, ormai, buona parte delle aziende tenga sotto controllo questi costi.

Normalmente, la contabilità dei Costi della Qualità al minimo comprende: il valore dei prodotti resi/sostituiti in garanzia, gli addebiti dei clienti e il valore degli scarti interni. Non sempre sono valorizzati gli extra-costi per la gestione dei problemi.

Ci sono tutte queste voci nei tuoi Costi della Qualità, Nicola?».

«Hmm... no, Andrea. Non valutiamo gli extra-costi di gestione.

QUANDO LA QUALITÀ PAGA

Però, non dovrebbero essere molto significativi. Non credo ci sia del personale in più in Qualità o in qualsiasi altra funzione per gestire i problemi. Raramente poi ricorriamo a personale esterno per controlli, selezioni o rilavorazioni.

Ogni tanto succede di dover fare delle spedizioni urgenti per sostituire del materiale difettoso. Ma non è certamente un costo molto elevato».

«Ok, va bene. Ti suggerisco in ogni caso di provare a fare una valutazione un po' più approfondita di questi extra-costi. Soprattutto per capire se la riduzione del numero dei problemi "libererebbe" o meno delle risorse oggi impegnate nella loro gestione.

Annuisco con la testa mentre Andrea, appoggiandosi allo schienale della poltroncina girevole, prosegue spedito: «Allora Nicola, molto banalmente, se questi costi della Qualità fossero già di per sé significativi, l'RQ non farebbe molta fatica a dimostrare alla Direzione che la Qualità paga.

In caso contrario, a meno che la Direzione non sia una fan della "caccia agli sprechi" della Lean Production, difficilmente percepirà come prioritari dei progetti di riduzione dei Costi della Qualità. Giusto, Nicola?».

«Beh, non dirlo a me, Andrea! Ne so qualcosa.», replico convinto.

«Posso farti però una domanda, Andrea? Secondo te, quale potrebbe essere un valore dei Costi della Qualità significativo per la Direzione?».

Andrea esita un istante prima di rispondermi: «Hmm... Nicola, non è così facile dare un numero valido per tutte le aziende. Molto dipende anche dal mercato specifico in cui ciascuna opera. Mi sentirei però di dire che, tutte le volte che questi costi superino l'1% del valore del fatturato, è molto difficile che la Direzione rimanga impassibile.

Come è messa la tua azienda?».

«Senza considerare gli extra-costi di gestione dei problemi oscilliamo tra uno 0,5% ed uno 0,7%».

«Non c'è male, Nicola! Con questi numeri, è effettivamente probabile che i Costi della Qualità non siano una priorità per la tua Direzione.

Però, vista la forte diffusione che sta avendo la Lean Production, non è detto non lo possa diventare in futuro.

Scriviamo comunque anche questa *Seconda strada* nel nostro file».

Si tira su in posizione dietro al computer e comincia a muovere velocemente le dita sulla tastiera. Dopo un po', leggo sullo schermo.

SECONDA STRADA: I COSTI DELLA QUALITÀ

COSTI DELLA QUALITÀ

Quantificare i costi generati dai problemi di qualità:

1. Sostituzioni in garanzia
2. Prodotti resi
3. Addebiti dei clienti
4. Scarti interni
5. Extra Costi per la gestione dei problemi

PRESENTAZIONE DATI E PROPOSTE DI MIGLIORAMENTO

Se i costi sono significativi, presentare alla Direzione i dati e delle proposte di riduzione costi comprensive di obiettivi, azioni, tempi ed eventuali investimenti.

Appena ho finito di leggere, Andrea, indicando lo schermo, commenta: «Ci tengo a farti notare che, anche questa volta, non ho scritto semplicemente di presentare i dati dei costi alla Direzione. È importante presentare assieme ai dati anche una proposta di miglioramento.

Non è un aspetto secondario. Spesso noi RQ siamo accusati di fare solo attività di reportistica o di segnalazione dei problemi senza mai fare una proposta per risolverli. Un atteggiamento proattivo che propone delle soluzioni ai problemi, pur sempre concordandole con le parti interessate, non può che far guadagnare dei punti all'RQ».

Sono ovviamente d'accordo. Rileggo ciò che appare sullo schermo e mi riprometto di fare una verifica degli extra costi di gestione dei problemi.

«Va bene, Andrea. Andiamo avanti, sono curioso di vedere quella che si preannuncia essere la *Terza strada*».

Terza strada: gli Effetti Collaterali dei Problemi

«Ok, Nicola. Visto che sei impaziente, affrontiamo subito l'argomento degli effetti "collaterali" generati dai problemi di qualità: il terzo punto dell'influenza della Qualità sul profitto dell'azienda».

3. Diminuzione delle entrate (vendite) e/o aumento delle uscite (costi) in proporzione agli effetti collaterali che i problemi di qualità hanno sui flussi di lavoro dell'azienda

Si alza per l'ennesima volta dalla scrivania e comincia a passeggiare avanti e indietro, parlando: «Ieri sera abbiamo parlato degli effetti rallentanti che i problemi di qualità possono avere sui flussi di lavoro dell'azienda. L'analogia "idraulica" rende evidente il fatto che, quanto più grande è la frequenza e la dimensione dei problemi, tanto più grande è il rallentamento del flusso di lavoro e, conseguentemente, del flusso dei profitti dell'azienda.

A peggiorare ancora di più la situazione, bisogna anche considerare che, oltre un certo limite, la frequenza/dimensione dei problemi può creare un circolo vizioso.

Quando infatti i ritardi cominciano ad essere significativi, le urgenze si moltiplicano. Lavorando sotto la pressione delle urgenze, diventa ancora più facile sbagliare. Aumenta quindi ancora di più la frequenza dei problemi e i ritardi diventano sempre più grandi in una spirale negativa pericolosa. Magnifico, no?».

«Una meraviglia, Andrea!», commento ironicamente. Poi mi alzo dalla poltroncina e, questa volta, sono io che comincio a camminare avanti ed indietro pensieroso.

Andrea mi osserva in silenzio aspettando che io inizi a parlare. Dopo un po', visto che ancora non apro bocca, me lo chiede direttamente: «A cosa stai pensando, Nicola?».

Smetto di passeggiare: «Sto pensando che non è così facile riuscire a valutare l'impatto economico degli effetti collaterali. Eppure, credo che sia importante tenerne conto perché potrebbe anche essere significativo. Come si può fare, Andrea? Hai qualche idea?».

Mi sorride rassicurandomi: «Non ti preoccupare, qualche idea ce l'ho. E stai tranquillo che non si tratta di fare dei calcoli o usare degli algoritmi complicati».

Girando attorno alla scrivania, si mette di fianco allo schermo rivolto verso di me e continua: «Quando la grandezza/frequenza dei problemi di qualità rallenta le attività dell'azienda, l'effetto può diventare visibile nell'andamento di uno o più indicatori delle prestazioni aziendali.

Puntualità delle consegne, Produttività, Numero di nuovi progetti completati on time, Fatturato[9], sono degli esempi di prestazioni aziendali che possono degradare a causa degli effetti "collaterali" dei problemi di qualità.

Insieme ai responsabili di queste prestazioni, non è difficile per l'RQ capire se i problemi stiano effettivamente avendo un impatto negativo su

---

[9] In questo caso si sta parlando del degrado del fatturato dovuto agli effetti "collaterali" senza considerare quella parte di degrado dovuto all'effetto diretto che i problemi hanno sul rapporto Qualità/Prezzo

di esse.

Non è neanche difficile stimare le perdite economiche dovute al degrado delle prestazioni, se ci si fa aiutare dalle funzioni competenti.

Il Controllo di Gestione/Amministrazione ti può aiutare quando il degrado delle prestazioni ha un impatto sui costi. Le funzioni commerciali quando l'impatto è sulle vendite».

Si ferma e osserva la mia espressione per qualche istante: «Cosa ne dici, Nicola, ti sembra sensato procedere in questo modo?».

«Hmm... credo di sì, Andrea. Per fare un esempio concreto, se ho ben capito stai dicendo che se la puntualità delle consegne è scarsa, lavorando a braccetto con la Logistica, dovrei riuscire a capire se e quanto questo risultato è imputabile alla presenza dei problemi di qualità. Poi, con l'aiuto dei commerciali, dovrei cercare di stimare quanto questo possa incidere negativamente sulle vendite. Giusto?».

«Non potevi aver capito meglio, Nicola!» esclama Andrea tornando a sedersi alla scrivania.

«Di esempi ce ne possono essere diversi.

Nota bene però una cosa: siccome stai lavorando per migliorare sia la Qualità che le prestazioni di cui sono responsabili gli altri tuoi colleghi, questi saranno molto collaborativi e anche tuoi preziosi alleati nel dimostrare alla Direzione che la Qualità paga. Non credi, Nicola?».

Sono colpito. Non avevo mai visto la cosa da questo punto di vista.

«Sai che non ho mai fatto questo tipo d'indagine, Andrea? Mi fai venire in mente che Carlo, il Responsabile della Produzione, ogni tanto si lamenta dei cali di efficienza produttiva dovuti ai problemi di qualità nelle forniture. Ricordo anche che in alcune riunioni con la Direzione ed i commerciali, si sia giustificato per alcuni ritardi nelle consegne dando proprio la colpa a problemi di qualità nelle forniture.

Sì, potrebbe essere una strada percorribile, e proverò a darci un'occhiata. Non so se nel mio caso salteranno fuori delle sorprese, vale comunque la pena di verificarlo. Forse, sommando i Costi della Qualità a queste ulteriori perdite economiche, il valore risultante potrebbe essere significativo e degno di intervento agli occhi della Direzione».

Non ho ancora finito di parlare che Andrea si è già messo all'opera al computer.

Dopo qualche correzione e ricerca delle parole più appropriate, sufficientemente soddisfatto, mi invita a leggerla insieme a lui sullo schermo.

TERZA STRADA: GLI EFFETTI COLLATERALI DEI PROBLEMI

DEGRADO DELLE PRESTAZIONI AZIENDALI

Insieme ai rispettivi Responsabili, verificare se la grandezza/frequenza dei problemi di qualità ha un impatto negativo sulle diverse prestazioni aziendali (Puntualità delle consegne, Produttività, Fatturato, Gestione dei progetti o altre).

Insieme alle funzioni competenti (es. Controllo di Gestione o Vendite), stimare le perdite economiche conseguenti.

PRESENTAZIONE DATI E PROPOSTE DI MIGLIORAMENTO

Se tali perdite sono significative, presentare alla Direzione i dati e delle proposte di miglioramento comprensive di obiettivi, azioni, tempi ed eventuali investimenti.

Ci scambiamo qualche breve commento, poi rimaniamo entrambi in silenzio a guardare lo schermo.

Dopo un po', quasi timidamente a bassa voce, rompo il silenzio: «Abbiamo forse finito di analizzare le possibili soluzioni alla prima causa del mio problema, Andrea?»

Si volta lentamente verso di me e mi guarda sorridendo. Poi, senza dire niente, apre la porta del mobiletto dei liquori e tira fuori la solita bottiglia di grappa e i due bicchieri.

Con la bottiglia, i due bicchieri in mano ed un espressione più da gaudente italiano che da lord inglese, esulta: «Abbiamo concluso la prima parte del nostro viaggio, Nicola! Dobbiamo degnamente festeggiare con questa ottima grappa delle grandi occasioni!».

Versa rapidamente la grappa nei bicchieri e mi porge il mio.

Sorseggiando la grappa, l'atmosfera si fa subito allegra.

Ci rilassiamo lasciando che la serata scorra chiacchierando piacevolmente. Abbiamo deciso di svagarci un po' e rimandare al prossimo Lunedì l'inizio dell'altra metà del viaggio. Non si può sempre parlare solo di lavoro!

4 L'SGQ NON È DI "CARTA"

Il tempo passa in fretta. è già Lunedì e sono di nuovo nello studio con Andrea.
«Bene, Nicola, rivediamo il nostro diagramma causa-effetto».
Qualche colpo di tastiera ed eccolo sullo schermo.

«Parliamo della seconda causa in basso a destra».

Andrea ricorda brevemente cosa ci eravamo detti un paio d'incontri fa, riguardo al fatto che l'attuale sistema di certificazione ha imposto un'eccessiva rigidità e formalizzazione applicativa dell'SGQ e che questo ha avuto l'effetto di "screditare" tutto l'SGQ agli occhi della Direzione e del resto dell'azienda.

Rammenta inoltre che avevamo brevemente accennato a cosa fare per eliminare questa causa:

Ridurre al minimo possibile le attività burocratiche e le attività a scarso valore aggiunto.

Attraverso i risultati, dimostrare alla Direzione che ci sono attività dell'SGQ indispensabili per il mantenimento e il miglioramento della Qualità.

Sono un po' perplesso. Non ho ben chiaro quali possano essere le attività a scarso valore aggiunto nella mia azienda e gli chiedo se possiamo parlarne un po' più approfonditamente.

Andrea si schiarisce la gola e osserva per qualche istante lo schermo. Poi si gira e, con il suo solito tono pacato, mi risponde: «Preferirei usare l'approccio inverso.

Partirei col parlare delle attività che sono sicuramente ad alto valore aggiunto per qualsiasi azienda.

Queste attività sono la struttura portante dell'SGQ. La tua attenzione ed energia devono essere dirette a far sì che queste diventino un "abitudine" in azienda. Non puoi derogare su di esse, mentre puoi essere molto più tollerante e flessibile su quelle attività che contribuiscono molto poco ai risultati che vuoi raggiungere. Non è poi così difficile capire quali siano le attività a scarso valore aggiunto, quando hai ben chiaro quali siano quelle che maggiormente contribuiscono ai risultati.

«Hmm... attività ad alto valore aggiunto, Andrea?» "penso" ad alta voce. «E quali mai sarebbero queste attività?».

Non mi risponde. Si allunga per prendere una penna sulla scrivania e comincia a giocherellarci, pensoso.

Aspetto pazientemente che si decida a dire qualcosa.

Finalmente, si "sblocca": «Te ne parlo subito, Nicola».

Si alza dalla scrivania e comincia a camminare su e giù.

L'indagine sulla soddisfazione dei clienti

"Non ce la fa proprio a star fermo!", penso, mentre Andrea comincia a parlare: «Allora, partiamo dall'inizio. Visto che l'obiettivo primario dell'SGQ è quello di mantenere e accrescere la soddisfazione dei clienti,

la prima attività ad alto valore aggiunto è proprio quella di capire quali e quanti benefici si stanno dando o si potrebbero dare ai clienti, rispetto a quelli che ricevono dai concorrenti.

Ne abbiamo già parlato ampiamente qualche sera fa con la *Prima Strada*.

Questa è la prima delle attività ad "alto valore aggiunto" che, per brevità, chiameremo "*Attività AVA*".

Senza questa, l'azienda navigherebbe senza avere ben chiaro dove andare. Sei d'accordo?»

«Hmm... sì, Andrea. Dopo quello che ci siamo detti l'altra sera, non posso non esserlo».

«Bene, Nicola!», esclama soddisfatto. «La *Prima Attività AVA* ci viene quindi gratis dalla *Prima Strada*.

Riportiamola qui con una piccola modifica per comprendere per completezza anche il fattore del Livello di Servizio.

Si siede al computer e comincia rapidamente a scrivere:

PRIMA ATTIVITÀ AVA

INDAGINE SULLA SODDISFAZIONE DEI CLIENTI

VISITE AI CLIENTI

Insieme alle funzioni commerciali, visitare i clienti diretti e finali per conoscere:

1. Se l'attuale Rapporto Qualità/Prezzo e Livello di Servizio sta dando ai clienti i benefici che si aspettano

2. Se questi benefici sono superiori, uguali od inferiori a quelli dati dai prodotti concorrenti

3. Se esistono dei modi per dare maggiori o altri benefici ai clienti

ANALISI DEI PRODOTTI DELLA CONCORRENZA

Insieme alle funzioni tecniche, analizzare i prodotti della concorrenza per sapere se le loro caratteristiche e funzioni danno ai clienti dei benefici superiori, uguali o inferiori ai propri prodotti.

VALUTAZIONI E DECISIONI

Con queste informazioni, valutare insieme alla Direzione ed a tutte le funzioni aziendali, che cosa sia necessario migliorare e/o che cosa sia necessario mantenere al livello attuale.

Appena finito di scrivere, la rilegge velocemente ad alta voce. Poi si gira verso la libreria, raggiunge con la mano un barattolo di caramelle su un ripiano e me le offre concludendo: «Ecco qua la prima *Attività AVA*! Fatta come si deve, dà all'azienda la direzione verso cui muoversi e gli obiettivi da raggiungere. Non farla o anche solo farla in modo approssimativo, ha prima o poi conseguenze pesanti per l'azienda».

Gestire i cambiamenti

Rimane pensoso qualche secondo, poi riattacca: «Immaginiamo allora di aver fatto la nostra bella indagine e di aver capito cosa è bene migliorare e cosa invece dobbiamo continuare a mantenere allo stesso livello attuale».
Si alza e va verso la finestra. Dà un'occhiata fuori, poi si gira e continua: «Potrebbe essere, per esempio, che i clienti siano soddisfatti del livello di affidabilità e conformità dei nostri prodotti ma non altrettanto del livello di alcune prestazioni funzionali.
Che cosa facciamo adesso, Nicola?»
«Beh, ovvio, Andrea!», rispondo subito, «Dobbiamo cercare di migliorare le prestazioni funzionali insoddisfacenti».
«Giusto, Nicola. Ma non solo. Allo stesso tempo dobbiamo anche fare in modo di mantenere nel tempo lo stesso livello di affidabilità e conformità. Non credi?».
Annuisco mentre Andrea prosegue: «Per migliorare le prestazioni funzionali, dovremo logicamente cambiare qualcosa nei nostri prodotti. Per mantenere lo stesso livello di affidabilità e conformità, dovremo fare in modo di mantenere inalterate quelle caratteristiche dei prodotti e quei fattori[10] del sistema produttivo che ne determinano l'attuale livello.
Generalizzando, potremmo dire che, tutte le volte che desideriamo migliorare un Elemento della Qualità (QEQ), dobbiamo intenzionalmente fare dei cambiamenti. Tutte le volte che vogliamo mantenerlo allo stesso livello, dobbiamo invece fare in modo che non ci siano dei cambiamenti in ciò che lo ha reso soddisfacente».
Torna indietro verso la scrivania, si siede e mi chiede se sono d'accordo.
«Certamente, Andrea. Mi fai venire in mente che un po' di tempo fa ho letto da qualche parte una frase che si sposa perfettamente con quello che hai appena detto: "*Tutti i miglioramenti sono dei cambiamenti, ma non*

---

[10] Tutto ciò che serve per realizzare e consegnare dei prodotti ai clienti. Materie prime o componenti in acquisto, macchine e attrezzature, risorse umane, strumenti di misura, organizzazione e metodi di lavoro, strutture fisiche, mezzi di trasporto, sistemi informativi, ecc.

tutti i cambiamenti sono dei miglioramenti[11]».

«Uh, bella frase, Nicola! È proprio così. Per migliorare devi per forza cambiare qualcosa ma, viceversa, non tutti i cambiamenti conducono a dei miglioramenti.

«Hmm... già, Andrea è proprio così», commento pensoso.

«Ho capito dove vuoi andare a parare. In sintesi vuoi dire che, sia che tu voglia mantenere, sia che tu voglia migliorare il rapporto Qualità/Prezzo (Q/P), hai a che fare con dei cambiamenti. Il modo in cui li gestisci fa la differenza. Giusto, Andrea?».

«Eccellente, Nicola! Hai centrato il punto. Per soddisfare i clienti devi essere bravo a gestire i cambiamenti. Di conseguenza, tutte le attività che ti aiutano in questo compito sono *Attività AVA*, ad alto valore aggiunto».

Migliorare Q/P: Gestire i cambiamenti intenzionali

Si sistema sulla poltroncina appoggiandosi completamente allo schienale. Lo sguardo rivolto verso un punto indefinito, con aria pensosa prosegue: «Iniziamo dal miglioramento di Q/P.

Come hai appena detto anche tu, per migliorare è necessario fare dei cambiamenti.

Migliorare Q/P vuol dire risolvere dei problemi dei clienti o soddisfare delle loro nuove esigenze.

Dal punto di vista del fornitore, una nuova esigenza di un cliente è comunque un problema da risolvere.

Se i clienti vogliono dei prodotti più affidabili, come ottenere il nuovo livello di affidabilità è il problema che il fornitore deve affrontare e risolvere».

Scruta il mio volto per qualche secondo poi riparte: «Come ben sappiamo noi uomini della Qualità, la prima cosa che c'è da fare per risolvere un problema è l'analisi delle cause. Quella che gli anglosassoni chiamano la *Root Cause Analysis* o in forma abbreviata, *RCA*.

Prima cioè di partire in quarta a modificare prodotti o processi produttivi, è necessario capire perché i nostri prodotti non siano sufficientemente affidabili, o perché abbiano troppi difetti, o perché costino troppo, ecc. ecc.».

Il ciclo del Problem Solving

Poi comincia a cercare qualcosa sul computer mentre mi dice che vuole mostrarmi uno schema che aveva fatto qualche anno fa. Dopo un paio di minuti, esclama contento: «Eccola qua!». Cliccando sull'icona di

---

[11] Theory of constraint Handbook - James F. Cox III; John G. Schleier Jr

un file lo fa apparire sullo schermo.

Lo osservo con attenzione e un po' di sorpresa.

Ricorda molto il ciclo PDCA[12] di Deming per il miglioramento, ma ci sono delle evidenti differenze.

Non c'è la fase *Action* che sembra essere stata sostituita dall'*Esito della Verifica* e dalla fase di *Analisi delle Cause*. Inoltre, vedo che quando la verifica è positiva, il problema è risolto e il ciclo si conclude. In caso contrario, si ritorna all'*Analisi delle cause* e si ripete il ciclo.

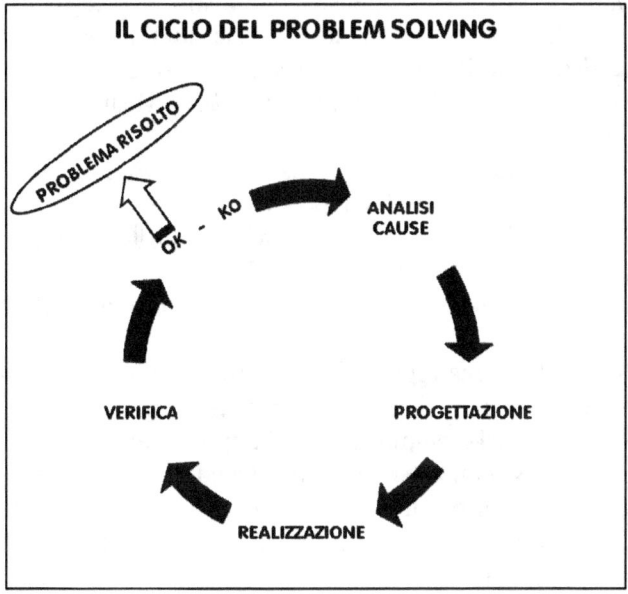

Andrea parte subito a commentarlo: «Questo è il ciclo che è opportuno seguire quando si vuole essere certi di risolvere un problema in modo definitivo.

La prima fase è quella dell'*Analisi delle cause*.

Quando le cause di un problema sono evidenti, l'esecuzione di questa fase risulterà essere un compito rapido e banale. Quando però non lo sono, riuscire ad individuarle correttamente, fa una grossa differenza nella soluzione definitiva del problema. Da uomo della Qualità, sai quanto spesso succeda di fermarsi ai sintomi di un problema anziché scavare in profondità fino alle sue cause "radice". Sai inoltre altrettanto bene che, curare i sintomi, difficilmente risolve il problema in modo definitivo. Giusto, Nicola?».

---

[12] Plan-Do-Check-Action

«Non credo ci sia bisogno di confermarlo, Andrea!», rispondo alzandomi in piedi per sgranchirmi un po'.

Si alza anche lui, si avvicina allo schermo e, indicando il *ciclo del Problem Solving*, continua: «Dopo aver trovato le cause "radice" del problema si passa alla seconda fase del ciclo: la fase di *Progettazione*. Si comincia cioè a pensare a come fare per eliminare le cause o annullarne gli effetti.

In questa fase, definisci sulla "carta" quei cambiamenti nei prodotti o nei sistemi produttivi che dovrebbero risolvere il problema. La *Progettazione* è la fase di pensiero cruciale per la definizione di un'adeguata soluzione del problema. È bene quindi non fare le cose in fretta e prendersi tutto il tempo che serve per pensare.

Conviene cioè seguire la *Regola del carpentiere*: Misura due volte taglia una volta sola.

La fretta di fare senza un adeguata fase di pensiero può davvero essere molto dispendiosa in termini di tempo e denaro».

Mi guarda per un istante e mi chiede: «A proposito di regole, hai mai sentito parlare della *Regola del 10*, Nicola?».

«No, Andrea, non ne ho mai sentito parlare, che regola è?», rispondo incuriosito.

«Beh, diciamo che è una regola che giustifica la *Regola del carpentiere*. Ci ricorda, infatti, quanto sia costoso accorgersi degli errori troppo tardi.

Generalmente si usa l'esempio dello sviluppo di un nuovo prodotto per spiegarla, ma, ovviamente, si può estendere a qualsiasi tipo di cambiamento si voglia fare».

Va verso la libreria, ne estrae un libro e lo sfoglia velocemente fino a che trova quello che cerca.

«Ecco, guarda, Nicola. Questa figura[13] rende molto bene l'idea della regola del fattore 10.

Evidenzia un concetto semplice ed ovvio. Nello sviluppo di un prodotto, più tardi ti accorgi che c'è qualcosa che non va, più è costoso sistemarlo. Per dare un idea della progressione dei costi, si stima che aumentino di un fattore 10 ad ogni successiva fase dello sviluppo.

In altre parole, se durante la verifica di fattibilità o la stesura dei disegni ti accorgi di un problema, costa poco e si fa presto a cambiare un disegno o una specifica. Se invece scopri il problema quando hai già realizzato e venduto migliaia di prodotti ai clienti, sistemare le cose può diventare davvero un affare molto spiacevole dal punto di vista finanziario. Sei d'accordo, Nicola?».

---

[13] Vedi figura nella prossima pagina tratta dal libro *"Effective FMEAs"* - Autore: Carl S. Carlson - Pubblicato dalla John Wiley & Sons Inc.

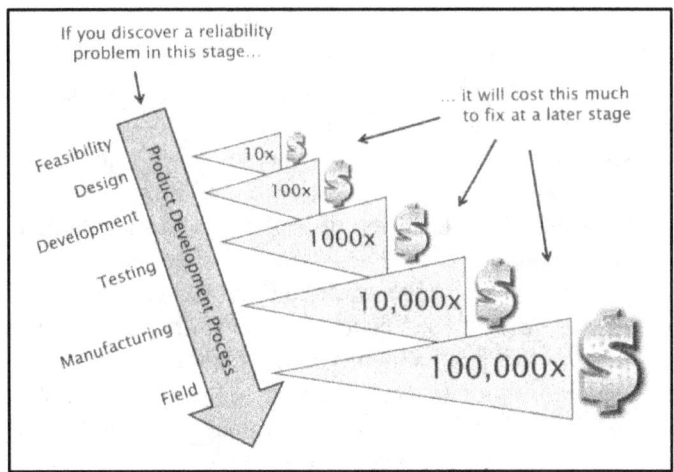

«Non potrei non esserlo, Andrea. Sono completamente d'accordo. Meglio prima spendere un po' di tempo a pensare, che dopo spendere molti soldi per rimediare ai problemi di cui ci si poteva accorgere subito».

«Proprio così!», commenta Andrea mentre si riavvicina allo schermo per indicare il ciclo del Problem Solving: «Andando avanti, dopo aver ben pensato e definito i cambiamenti da farsi, si può finalmente passare alla fase della *Realizzazione*.

Generalmente, quanto più un cambiamento e grande o complesso, tanto più è conveniente realizzarlo per gradi. Nel caso per esempio di un nuovo prodotto, la *Realizzazione* è quasi sempre fatta prima costruendo dei prototipi, poi dei campioni costruiti con macchine e attrezzature definitive, poi una preserie di prodotti di adeguata numerosità, e infine la produzione di serie».

Annuisco muovendo il capo senza commentare mentre Andrea prosegue spedito indicando la fase successiva: «Dopo la *Realizzazione* segue la *Verifica*.

Si verifica cioè che i cambiamenti realizzati risolvano effettivamente il problema e, non meno importante, non creino degli effetti collaterali negativi imprevisti.

Per un nuovo prodotto, queste verifiche sono logicamente fatte dopo ognuna delle fasi intermedie di *Realizzazione*. Dopo cioè aver costruito i prototipi, i campioni con attrezzature definitive, la preserie, ecc. ecc.».

Poi, allungandosi ad indicare sullo schermo l'esito della *Verifica*, conclude: «Se le verifiche sono positive il problema è risolto. Nel caso invece che una qualsiasi verifica sia negativa, si ritorna alla fase dell'*Analisi delle Cause* e il ciclo riparte.

Il ciclo si ripeterà più volte fino a che tutte le verifiche avranno avuto esito positivo».

Osservo di nuovo attentamente il ciclo del Problem Solving proiettato sullo schermo. È davvero molto simile al ciclo di Deming per il miglioramento. Del resto, si può dire che, migliorare e risolvere dei problemi, siano azioni equivalenti. Quando risolvo un problema ho migliorato qualcosa. Viceversa, se ho migliorato qualcosa ho sicuramente risolto un qualche tipo di problema. Altrimenti non avrebbe senso cercare di migliorarla.

«Sì, Andrea, è chiaro!», esclamo, emergendo dalle mie riflessioni. «Quindi, quando si dice: "*Fare bene la prima volta*", altro non vuol dire che portare a termine il cambiamento in un unico ciclo.

Vorrebbe dire che siamo stati così bravi a capire le cause del problema ed a trovare e realizzare un modo per eliminarle, che le verifiche sono state positive al primo giro. Giusto, Andrea?».

«Esattamente, Nicola. È proprio così!», commenta soddisfatto. Poi torna a sedersi alla scrivania, giocherella un po' con la penna e all'improvviso mi domanda: «Vediamo un po', Nicola, secondo te, quali sono i fattori che aiutano a fare bene un cambiamento al primo giro?».

Il know-how

Lo guardo sorpreso per un istante: «Eh, bella domanda, Andrea! Fammi pensare... dunque, sì certo, credo che un fattore molto importante sia la conoscenza ed esperienza di chi si occupa di fare il cambiamento. In altre parole il know-how delle persone coinvolte.

Se il cambiamento è molto simile a qualcosa che si è già fatto precedentemente, è molto probabile riuscire a farlo bene al primo colpo.

Se invece è qualcosa di nuovo mai affrontato prima, è un po' come avventurarsi in terreni inesplorati. È più facile perdere la strada o andare incontro a qualche disagio».

Andrea annuisce muovendo ostentatamente la testa su e giù.

«Ben detto, Nicola! Maggiore è il know-how relativo al cambiamento che si vuole fare, maggiore è la probabilità di riuscire a farlo bene al primo giro».

Si alza dalla scrivania e si avvicina alla finestra dello studio guardando fuori nel giardino. Poi si gira lentamente verso di me: «E non è solo il know-how a fare la differenza. Ci sono altre tre fattori altrettanto importanti. Ma di questi ne parleremo dopo.

Tornando al know-how, non credo si possa mettere in discussione che tutte le attività che hanno l'obiettivo di preservare, sviluppare e diffondere il know-how aziendale, siano *Attività AVA*. Giusto, Nicola?».

«Sacrosanto, Andrea!» replico deciso. «Anche gli standard ISO dedicano ampio spazio a questo aspetto».

«Sì, è vero», ribatte altrettanto decisamente. «Anche se, secondo me, non hanno evidenziato o reso esplicito un aspetto molto importante del know-how».

«Hmm... e quale di grazia, Andrea?».

Mi lancia un'occhiata, poi si avvicina al mobiletto dei liquori. Tira fuori la grappa e la versa in due bicchieri offrendomela. Ne gusta un primo sorso poi, in piedi con il bicchiere in mano, è pronto a rispondere: «La parte predominante del know-how di un'azienda si trova nella testa delle sue risorse tecniche. Per quanto una buona documentazione tecnica aiuti, è impossibile mettere su carta tutte le conoscenze ed esperienze tecniche di una persona.

In ogni caso, non si può certo formalizzare la sua capacità di analizzare, effettuare correlazioni, deduzioni o ragionamenti logici basati sulle sue conoscenze ed esperienze. Non credi, Nicola?».

«Lo credo fermamente, Andrea!», esclamo convinto, subito dopo aver bevuto l'ultimo goccio di grappa.

Lui allora prosegue: «Quando hai del personale tecnico con un'esperienza pluriennale, te lo devi tenere ben stretto. La sua conoscenza dei prodotti e/o dei sistemi produttivi aziendali non è qualcosa che si acquisisce nel giro di uno o due anni o che si può facilmente trovare all'esterno. Certo nessuno è insostituibile. Ma quando perdi queste persone di esperienza senza avere degli adeguati sostituti, ti trovi poi spesso a dover reinventare la "ruota", con conseguenze facilmente immaginabili per un'azienda.

La fidelizzazione del personale tecnico esperto, è sicuramente un'*Attività AVA*. E mi piacerebbe che fosse indicata più chiaramente negli standard ISO».

«Hmm... sì, Andrea, posso essere d'accordo, anche se più di una volta ho visto questi esperti tenersi gelosamente il loro sapere per sé per paura di perdere "potere"».

«Può succedere, Nicola. A maggior ragione la trasmissione o diffusione del know-how all'interno dell'azienda è un aspetto che non si può assolutamente trascurare. È bene cercare di favorirlo attraverso la fidelizzazione del personale esperto, la formazione interna, gli affiancamenti e, per quanto possibile, la trascrizione del know-how su carta.

Queste sono certamente *Attività AVA*.

Allo stesso modo, lo sono anche tutte quelle attività che cercano di ampliare il know-how aziendale. Per esempio, le attività di ricerca e sperimentazione interna o le collaborazioni con consulenti o organizzazioni esterne».

Annuisco muovendo lentamente la testa mentre Andrea torna a sedersi alla scrivania e comincia a scrivere quella che si preannuncia essere la *Seconda Attività AVA.*

SECONDA ATTIVITÀ AVA

PRESERVARE, DIFFONDERE E SVILUPPARE IL KNOW-HOW

Preservare, diffondere e sviluppare il know-how aziendale attraverso la fidelizzazione del personale esperto, la formazione interna/esterna, gli affiancamenti, la preparazione di un'adeguata documentazione tecnica, ricerche e sperimentazioni interne, collaborazioni con consulenti o organizzazioni esterne.

Ecco, Nicola. Cosa te ne pare? Sei d'accordo?».

L'approccio multidisciplinare
Rispondo brevemente confermandogli il mio pieno accordo.
Andrea appoggia i gomiti sulla scrivania incrociando le dita delle mani e rimane in silenzio qualche secondo prima di continuare: «Difficilmente il know-how di un'azienda è concentrato in un unica persona. La maggior parte dei cambiamenti nei prodotti o nel sistema produttivo, richiedono conoscenze multidisciplinari. Occorre cioè fare ricorso alle competenze complementari di più persone. Il progettista, il tecnologo, il tecnico di produzione, il Quality engineer, ecc.
In passato, il coinvolgimento di queste diverse figure era fatto in serie. Prima il progettista definiva disegni e specifiche del prodotto. Poi passava il voluminoso "pacco di carta" al tecnologo. Quest'ultimo, imprecando contro le soluzioni progettuali scelte, si arrabattava a definire i processi, le attrezzature ed i metodi che meglio si adattavano alle richieste "impossibili" della Progettazione. Poi passava il "pacco" alla Produzione e alla Qualità che, a loro volta, imprecavano sia contro il tecnologo che il progettista per le difficoltà che trovavano nel produrre o nel controllare i prodotti.
Credo sia stato sufficientemente provato dall'esperienza quanto fosse poco efficace questo modo di procedere.
Ecco perché l'ISO/TS16949 ha indicato chiaramente tra i suoi requisiti *l'approccio multidisciplinare* nello sviluppo o nelle modifiche dei prodotti e dei processi.
Questo approccio aumenta significativamente la probabilità di *"Fare*

bene la prima volta" i cambiamenti intenzionali per migliorare Q/P».
«Sono completamente d'accordo, Andrea! L'approccio multidisciplinare ha due vantaggi: il primo è quello di riuscire ad usare tutto o quasi il know-how aziendale sin dalle prime fasi, quando lavori ancora sulla "carta". Il secondo è quello del ben noto principio che più teste pensano meglio di una. L'unione di diverse teste e competenze ha un effetto sinergico sui risultati difficilmente replicabile quando si lavora in cascata, ognuno per sé».

L'abilità investigativa

«È vero, Nicola! Un team multidisciplinare al lavoro, può davvero fare la differenza. Soprattutto nelle fasi iniziali dell'*Analisi delle Cause* e della *Progettazione*.
Se poi il team è particolarmente abile nel trovare le cause "radice" dei problemi, la probabilità di *"Fare bene la prima volta"* aumenta ancora di più.
Questa abilità è un terzo fattore molto importante allo scopo.
I tecnici con una particolare abilità nel trovare le cause "radice" di problemi difficili, sono preziosi e tenuti in alta considerazione in azienda. Diverse volte ho incontrato personaggi simili in passato e sono sempre rimasto sorpreso dalla rapidità con cui capivano quali fossero le cause di problemi spesso rimasti irrisolti per diverso tempo».
«Hmm... già, in un paio di casi è capitato anche a me di vedere persone simili al lavoro» confermo. «Ma secondo te, Andrea, come fanno? C'è un modo per aumentare l'abilità investigativa di una persona?».
«Sì, Nicola, c'è. E non è certo qualcosa di segreto. Di fatto, questi "Sherlock Holmes", consapevolmente o meno, seguono sempre un certo schema o metodo nelle loro indagini. Ed è proprio il metodo che può fare la differenza nella ricerca delle cause. Perfino nei casi in cui l'investigatore non ha una conoscenza specifica del problema da risolvere».
«Ah, ho capito a cosa ti riferisci. Stai parlando dei metodi della *"Root cause Analysis"* (RCA), tipo il *Metodo dei 5 perché*.
«Hmm... sì e no, Nicola. Il *Metodo dei 5 perché* più che un metodo d'indagine è un approccio ai problemi valido per la sua semplicità e per il concetto sottinteso di non fermarsi ai sintomi dei problemi. Però, chiedersi "*perché*" ripetutamente, non migliora di molto l'abilità investigativa.
Il metodo del *diagramma causa-effetto di Ishikawa* aiuta un po' di più. Ha però il difetto di essere troppo laborioso e lungo.
Nella mia azienda ho adottato e fatto adottare un metodo che non ha i punti deboli dei precedenti. L'ho chiamato "*Metodo dei tre passi*". È

molto efficace soprattutto nei casi non banali. È un metodo descritto in un libro[14] che ho letto qualche anno fa. È molto meno laborioso del *diagramma di Ishikawa* e ti aiuta a trovare la giusta direzione molto più rapidamente. L'ho sperimentato di persona e mi trovo molto bene. Se ti interessa ti presto il libro».

«Grazie, Andrea, accetto volentieri. Mi interessa tutto quello che può aiutarmi a fare meglio il mio lavoro. Ho passato qualche brutto momento in passato proprio per colpa di analisi delle cause frettolose e superficiali».

«Eh, credo proprio che tu sia in buona compagnia, Nicola!», commenta Andrea, mentre si alza e si gira verso la libreria alla ricerca del libro.

L'abilità nel valutare i rischi

Scorro velocemente le pagine del libro mentre Andrea prosegue come un carro armato. «L'abilità nel valutare i rischi legati ad un cambiamento è un quarto fattore che contribuisce significativamente alla buona riuscita dello stesso. Anche questa abilità è molto migliorabile usando un metodo adeguato. Nel caso delle nostre aziende il metodo è già prescritto per default dall''ISO/TS 16949 e sai bene a cosa mi riferisco».

Alzo la testa dal libro nel rispondergli:«Ah, sì, ti riferisci alla *FMEA*[15]».

Annuisce sorridendo.

«La poco amata *FMEA*», mi affretto ad aggiungere. «Molte persone pensano che sia troppo lunga e noiosa se non addirittura una perdita di tempo, Andrea!».

«È vero, Nicola», concorda. «Talvolta possono davvero richiedere un certo dispendio di tempo ed energia, ma bisognerebbe far conoscere a queste persone la *Regola del 10*. Questa regola vale anche per il tempo, non solo per i costi. Quanto più tardi ci si accorge di un problema, tanto maggiore sarà il tempo che si deve poi dedicare per risolverlo.

Ripeto ancora una volta: meglio spendere qualche giorno in più all'inizio del progetto a pensare bene a ciò che si vuole fare, piuttosto che dopo spendere settimane per sistemare ciò che nella fretta di fare è sfuggito o è stato sottovalutato».

Poi si avvicina alla poltroncina della scrivania, si siede e conclude: «La *FMEA* non è altro che un metodo per valutare preventivamente i rischi di un cambiamento. Come ben sai, deve essere fatta da un team multidisciplinare.

L'unione delle conoscenze del team e l'uso di un metodo per la

---

[14] Libro *"Eliminare e prevenire problemi e difetti nei prodotti"*; Roberto Giuliani; Franco Angeli Edizioni

[15] Failure Mode and Effect Analysis - Vedi Appendice A

valutazione sistematica dei rischi, sono veramente efficaci nel minimizzare le probabilità d'insuccesso del progetto di cambiamento mentre si sta ancora lavorando sulla "carta".

Non credo ci sia altro da dire per convincersi che il tempo speso per fare la *FMEA* sia tempo ben speso!

Non è certo l'unico metodo. Ma per noi che lavoriamo nel settore automotive, è un requisito specifico dell'ISO/TS 16949».

———————

Detto questo, si alza in piedi e mi si avvicina girando attorno alla scrivania. Mi appoggia amichevolmente una mano sulla spalla e mi chiede di provare a scrivere la *Terza Attività AVA* sintetizzando ciò che abbiamo detto finora.

Acconsento di buon grado perché anch'io sento il bisogno di ricapitolare le tante cose che ci siamo detti. Gli chiedo perciò il permesso di sedermi dietro al computer.

Mi lascia volentieri il posto di "comando" ed io mi metto subito all'opera.

Dopo un rapido scambio di vedute e qualche correzione, la *Terza Attività AVA* appare sullo schermo.

TERZA ATTIVITÀ AVA
MIGLIORARE Q/P: GESTIRE I CAMBIAMENTI INTENZIONALI

IL CICLO DEL PROBLEM SOLVING

Formare dei team multidisciplinari per gestire i cambiamenti intenzionali nei prodotti o nel sistema produttivo attraverso le fasi del Ciclo del Problem Solving.

Nella fase di *Analisi delle Cause*, quando le cause non sono di per sé evidenti, usare un adeguato metodo RCA per individuare le cause "radice".

Nella fase di *Progettazione* usare un metodo adeguato per la valutazione dei rischi

---

Dopo averla riletta attentamente, ci congratuliamo con noi stessi per il lavoro fatto finora. Chiudiamo quindi la serata festeggiando con una bella bevuta di grappa e accordandoci per proseguire domani sera.

Mantenere Q/P: Gestire i cambiamenti indesiderati

Seduto di fronte ad Andrea, sono pronto per un'altra serata di "lavoro". Mentre Andrea si sta preparando, penso a come sono cambiato in pochi giorni. Sono più rilassato. È sparita la sgradevole sensazione di essere in un vicolo cieco senza vie d'uscita. Al lavoro, sto prendendo accordi con alcuni venditori per fare insieme delle visite ad alcuni nostri clienti.

Voglio iniziare a fare un'indagine della Soddisfazione Clienti che sia veramente utile alla mia azienda.

Sono stati un po' sorpresi dalla mia richiesta, ma assolutamente disponibili. Sono sempre contenti quando trovano un "alleato" nel trasmettere la voce del cliente al resto dell'azienda.

Sono davvero impaziente di mettere in pratica i consigli di Andrea.

Andrea intanto ha acceso il computer e comincia a parlare richiamando la mia attenzione: «Bene, Nicola! Ieri sera abbiamo detto che, quando il cliente è pienamente soddisfatto di un qualsiasi Elemento della Qualità, dobbiamo assicurarci di riuscire a mantenerlo così nel tempo».

Annuisco muovendo lievemente la testa.

«Ok, stasera allora vedremo quali sono le *Attività AVA* che meglio ci aiutano in questo.

Se ti ricordi, avevamo detto che, allo scopo, bisogna fare in modo che non ci siano cambiamenti nelle caratteristiche dei prodotti e nei fattori produttivi che determinano il corrente livello ottimale di un qualsiasi QEQ».

Fa una breve pausa, poi prosegue: «Comincerei col dire una cosa scontata. Se non introduciamo volutamente dei cambiamenti nei prodotti o nel sistema produttivo, i QEQ possono degradare solo se avvengono dei cambiamenti indesiderati nel sistema produttivo.

Della gestione dei cambiamenti intenzionali ne abbiamo già abbondantemente parlato ieri sera. Stasera parleremo della gestione dei cambiamenti indesiderati: la *Quarta Attività AVA*.

Ok, Nicola?».

«Ok, Andrea! Vai pure avanti, ti ascolterò con la massima attenzione, o mio Maestro!», rispondo in tono scherzoso.

«Bene, o mio discepolo!», replica altrettanto scherzosamente Andrea. «Partirò allora con un'analogia dal mondo dello sport. Conosci sicuramente il detto "*Squadra che vince non si cambia*", vero? Beh, la stessa cosa vale per un sistema produttivo: "*Sistema produttivo che funziona bene non si cambia*"». Mi guarda di sottecchi per vedere la mia reazione poi continua imperterrito: «Quando un sistema produttivo lavora in condizioni ottimali, si vorrebbe che rimanesse sempre così, quasi come fosse "congelato". Le caratteristiche dei materiali in ingresso sempre uguali da un lotto all'altro, le macchine e le attrezzature sempre nelle medesime condizioni nel tempo, gli operatori sono sempre gli stessi, non si ammalano mai, non sbagliano mai, ecc. ecc. La situazione ideale sarebbe che nessuno dei componenti del sistema produttivo subisse mai delle variazioni nel tempo.

Purtroppo, sai bene che questa condizione ideale non esiste nella realtà. Come diceva un antico filosofo[16]: *"Nessun uomo può bagnarsi nello stesso fiume per due volte, perché né l'uomo né le acque del fiume sono gli stessi."*».

«Ehi Andrea, però!», esclamo con un pizzico di ironia. «Si vede che hai fatto le scuole "alte"!».

Sorride divertito ma non molla la presa e continua: «Degradi, usure, errori umani[17], eventi accidentali, ecc., sono tutti esempi di cambiamenti di cui faremmo volentieri a meno ma che avvengono in modo indipendente dal nostro volere».

Si alza lentamente dalla scrivania e inizia la sua solita "passeggiata pensante".

Lo osservo mentre cammina su e giù. Poi, vedendo che la riflessione è più lunga del solito, rompo il silenzio: «Per gestire al meglio questo tipo di cambiamenti, la soluzione ideale sarebbe quella di prevenirli o rilevarli prima che possano generare dei difetti nei prodotti. Non credi, Andrea?».

Lui si ferma, alza la testa e mi guarda con un espressione di chi non è ancora bene presente. Poi però, fa mostra di avere un "terzo orecchio" perché, inaspettatamente, risponde a tono alla mia affermazione: «Sì, è vero, Nicola. Quando conosci in anticipo quali possano essere i cambiamenti indesiderati, la loro gestione ideale è quella appunto di prevenirli o rilevarli prima che facciano dei danni.

Presupposto fondamentale è perciò, ovviamente, conoscere quali siano questi cambiamenti indesiderati».

«Hmm...già, Andrea. E qui casca l'asino. Credo proprio che siano un bel po'!», commento un po' perplesso.

«No, Nicola», replica immediatamente. «Se pensi a tutti i possibili cambiamenti di un sistema produttivo complesso, il numero potrebbe essere davvero enorme. Ma, in realtà, se prendi in considerazione solo i cambiamenti che possono generare dei difetti nei prodotti, il numero si ridimensiona drasticamente. Ed è qui che ci viene in aiuto la nostra cara FMEA di Processo. L'analisi dei rischi di un sistema produttivo è un modo efficace per individuare i cambiamenti indesiderati che dobbiamo

---

[16] Eraclito

[17] Distrazioni, sviste, dimenticanze, ecc.

prevenire o tenere sotto controllo. Se fosse fatta in modo esteso lungo tutta la catena di fornitura, molti problemi di qualità potrebbero essere evitati».

«Eh già, ancora la FMEA!» esclamo alzandomi dalla poltroncina per sgranchirmi un po' le gambe. «Effettivamente, hai ragione. Le "*cause dei modi di guasto*"[18] nella FMEA di processo sono proprio quei cambiamenti indesiderati che vogliamo prevenire o tenere sotto controllo.

Sì, pensandoci bene, concordo nel dire che, facendo una buona FMEA, si riesce ad individuare la stragrande maggioranza dei cambiamenti indesiderati che possono generare dei difetti nei prodotti».

«Esatto», riprende la parola Andrea. «E non solo, come ben sai. Per ciascuno dei cambiamenti, si individuano anche i controlli e le azioni che hanno la maggiore probabilità di prevenirlo o rilevarlo. Quest'ultimi poi, sono inclusi nel Piano di Controllo e di Manutenzione (PCM) del sistema produttivo.

Il PCM, di fatto, definisce nel dettaglio le attività di gestione dei cambiamenti indesiderati di un certo sistema produttivo».

«Già, è vero!» esclamo interrompendolo, «Il PCM è davvero la sintesi finale della gestione dei cambiamenti indesiderati».

Poi, mentre mi risiedo nella poltroncina, gli domando: «Scusami, Andrea, con la tua pluriennale esperienza, hai per caso qualche consiglio da darmi per fare una buona FMEA?».

Andrea alza la testa guardandomi fissamente per qualche secondo. Si dirige verso la scrivania e si siede accarezzandosi il mento con aria pensosa. Rimane così per una manciata di secondi, poi mi risponde con la sua solita calma: «Proverò a darti alcuni suggerimenti che ritengo importanti, Nicola».

Si sistema meglio sulla poltroncina girevole e subito continua: «Le due voci più importanti in una FMEA, sono le cause dei modi di guasto e le azioni ed i controlli per prevenirle o rilevarle il prima possibile.

Abbiamo già detto che le cause dei modi di guasto o cause dei difetti, altro non sono che i cambiamenti indesiderati che vogliamo evitare.

Molto spesso i difetti sono una conseguenza di una catena di cause o, in altre parole, di una catena di cambiamenti indesiderati.

Il primo consiglio che ti do è quello di cercare sempre, per quanto possibile, di individuare il primo anello della catena. La cosiddetta causa "radice" del difetto.

Per quanto riguarda invece le azioni per tenere sotto controllo i cambiamenti indesiderati, hai già detto che le più efficaci sono quelle che

---

[18] Cause dei difetti

mirano a prevenirli o a rilevarli prima che generino dei difetti nei prodotti.

A tale scopo, potrebbe a volte anche essere necessario modificare il prodotto o il processo. Se così fosse, è ovvio che queste modifiche devono essere gestite seguendo il ciclo del Problem Solving come previsto dalla *Terza Attività AVA*».

Prende fiato un istante. Fa oscillare lievemente la poltroncina girevole, poi prosegue: «I controlli che rilevano i cambiamenti indesiderati prima di produrre dei prodotti difettosi sono quelli che Shigeo Shingo definisce *Source Inspections*[19]».

Vedendo la mia espressione interrogativa, mi domanda: «Non hai mai sentito parlare di Shigeo Shingo e del metodo di controllo da lui chiamato *Source Inspection*?»

«Hmm... no», rispondo incuriosito. «Di che si tratta?».

Senza dire niente, Andrea si gira verso la libreria, ne estrae velocemente un libro e mi mostra la sua copertina.

In grande capeggia il nome dell'autore "Shigeo Shingo" e di sotto il titolo: "*Zero Quality Control: Source Inspection and the poka-yoke system*".

Mi parla brevemente dell'autore, uno dei principali artefici del Toyota Production System assieme a Taiichi Ohno. Poi, aprendo il libro comincia a sfogliarlo mentre continua a parlare: «In breve, Shingo afferma che è possibile perseguire l'obiettivo dello "*Zero difetti*" quando si adottano dei controlli che prevengono o rilevano i cambiamenti indesiderati del sistema produttivo prima che possano generare dei difetti nel prodotto.

Se hai pazienza, ti leggo molto brevemente come spiega il principio su cui si basa la *Source Inspection*».

"La maggior parte delle persone sostengono che è impossibile eliminare i difetti da qualsiasi attività eseguita dall'uomo.

Questo modo di pensare deriva dal non aver compreso la netta separazione che esiste tra errori e difetti.

I difetti si verificano come conseguenza degli errori commessi. Gli errori sono la causa dei difetti.

Io sostengo che è impossibile eliminare tutti gli errori da qualsiasi attività eseguita dall'uomo.

Però gli errori non causeranno dei difetti se il feedback e l'azione correttiva avvengono nella fase dell'errore...

...Questo è il principio su cui si fonda la "Source Inspection"

---

[19] Controlli della Sorgente (dei difetti)

«In pratica, Shingo dice di spostare il fuoco dei controlli, dai difetti alle "sorgenti" dei difetti. Anziché cioè aspettare di trovare un prodotto difettoso per intervenire, è bene tenere sotto controllo le "sorgenti" dei difetti per intervenire prima di aver fatto un prodotto difettoso.

I semplici e poco costosi dispositivi a prova d'errore, noti nel mondo automotive con il nome giapponese di poka-yoke, sono molto utili allo scopo. Impediscono o rilevano un errore umano prima che sia possibile realizzare un prodotto difettoso».

Fa una breve pausa, chiude il libro e aggiunge: «A volte, per ragioni tecniche, può non essere facile riuscire a controllare la Sorgente dei difetti. In questi casi, è bene seguire la regola ovvia: "Prima si trova il difetto e meglio è".

Meglio cioè trovarlo nella stazione di lavoro dove è generato anziché trovarlo con un controllo alla fine del processo produttivo».

Poi si mette a cercare qualcosa sul computer mentre mi chiede se fosse stato sufficientemente chiaro.

Mi schiarisco la voce assicurandogli di avere capito bene il concetto e commento che non avevo mai pensato all'evidente differenza tra il controllare la presenza di un difetto e controllare invece la sua causa, la sua "Sorgente" appunto. Il controllo della causa di un difetto è molto più potente ed efficace.

Andrea intanto ha proiettato sullo schermo gli schemi dei due diversi sistemi di controllo.

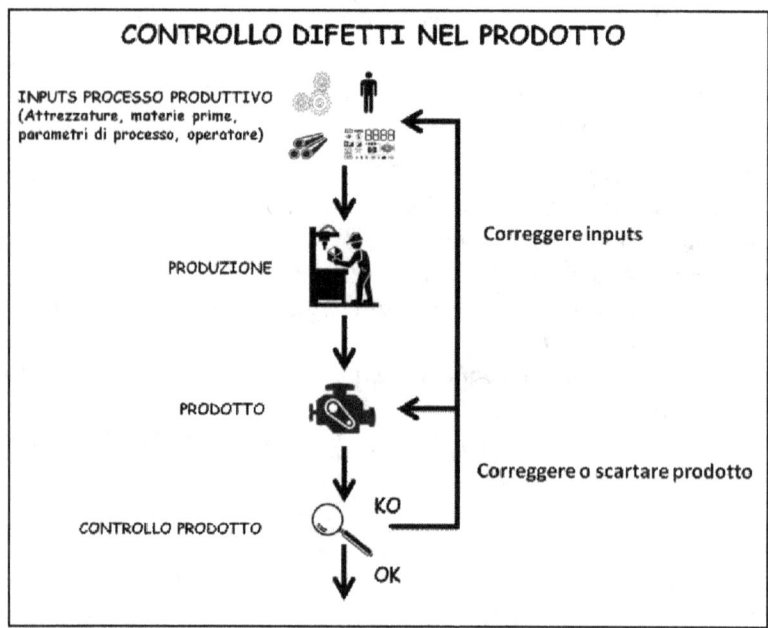

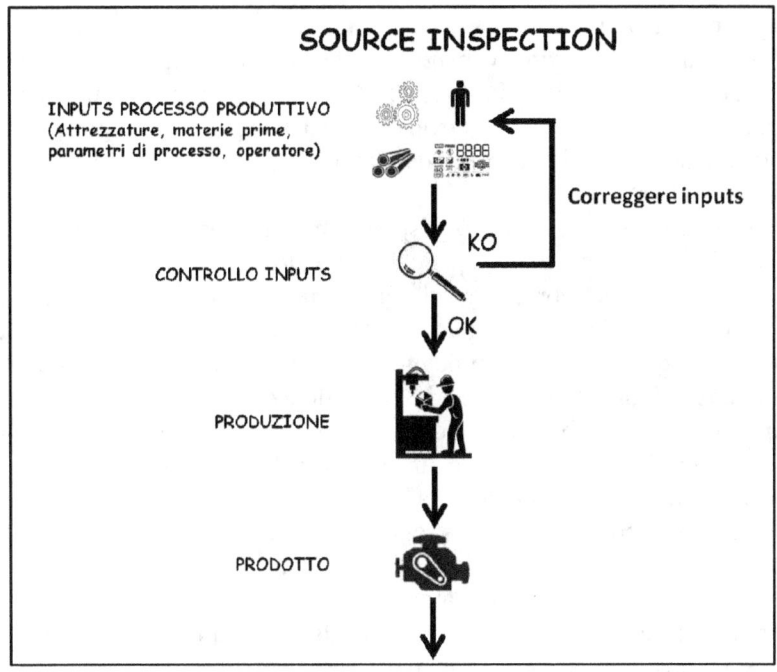

«Ecco!» esclama, alzandosi e avvicinandosi allo schermo. «Come vedi, è evidente perché sia preferibile la *Source Inspection.*

Adottando questo approccio, prima si controlla che non ci siano cambiamenti indesiderati nei fattori del sistema produttivo, poi si produce.

Invece, nel caso dei controlli che hanno l'obiettivo di trovare i difetti, ci si accorge che qualcosa non va solo dopo aver fatto un prodotto difettoso.

Oltre a questa importante differenza, guarda le figure e nota anche come il ciclo di retroazione sia decisamente più lungo nel caso del *Controllo dei difetti*».

«Hmm..., sì direi proprio che il ragionamento non fa una grinza», commento. Poi, in piedi dietro alla mia poltroncina, mi appoggio con entrambe le mani sullo schienale, sporgendomi in avanti verso Andrea. Inspirando profondamente, provo a fare una sintesi di ciò che ci siamo detti: «Quindi, Andrea, ci stiamo dicendo che per gestire efficacemente i cambiamenti indesiderati nel sistema produttivo, la cosa migliore da farsi è che un team multidisciplinare di adeguate competenze, faccia un'analisi dei rischi tipo FMEA.

Questo allo scopo di massimizzare la probabilità di individuare i cambiamenti indesiderati in modo completo e allo scopo di definire le adeguate contromisure.

Per fare un buon lavoro, è bene che il team individui i cambiamenti indesiderati alla radice dei possibili difetti e definisca, per quanto possibile, le azioni ed i controlli che rilevano o prevengono questi cambiamenti prima che facciano dei danni.

Giusto, Andrea?».

«Sì, sei stato perfetto, Nicola» risponde mentre torna alla scrivania. Si siede, rimane pensoso per qualche secondo, poi riprende a parlare: «Come ultima cosa vorrei dire che, nonostante la valutazione dei rischi ne diminuisca la probabilità, può a volte succedere che si manifestino dei problemi di qualità imprevisti dovuti a cambiamenti indesiderati non noti o non adeguatamente considerati nella valutazione. È scontato dire che, in questo caso, i problemi vanno affrontati e risolti seguendo il ciclo del Problem Solving con l'obiettivo, anch'esso scontato, di non avere "Mai lo stesso problema una seconda volta".

«Ehi, bell'obiettivo, Andrea!», esclamo. «Potrebbe quasi essere il motto dei Responsabili Qualità», commento ridendo.

«Eh già, non ci avevo mai pensato.», replica anche lui ridendo.

Quindi si allunga per prendere la bottiglia di grappa che saggiamente aveva già preparato sulla scrivania e la versa nei bicchieri porgendomene uno.

La sorseggiamo gustandola con calma in "religioso" silenzio.

Finito l'ultimo goccio, Andrea posa il bicchiere e si mette di buona lena a scrivere al computer. Leggo sullo schermo man mano che scrive.

QUARTA ATTIVITÀ AVA

MANTENERE Q/P: GESTIRE I CAMBIAMENTI INDESIDERATI

ANALISI DEI RISCHI

Formare dei team multidisciplinari per fare un'analisi dei rischi dei sistemi produttivi (Es. Fmea di Processo) per:

- Individuare i cambiamenti indesiderati[20] alla radice (*Cause "radice"*) dei possibili difetti[21] nei prodotti.

- Individuare le azioni ed i controlli che prevengono o rilevano i cambiamenti indesiderati <u>prima</u> che generino dei prodotti difettosi.

PIANI DI CONTROLLO

Come conseguenza delle analisi dei rischi, creare i piani di controllo e manutenzione (PCM) di ciascun sistema produttivo. Renderli disponibili dove servono e attuarli.

MODIFICHE PREVENTIVE

Se le analisi dei rischi evidenziano l'opportunità di modificare i prodotti e/o i sistemi produttivi a scopo preventivo, gestire le modifiche seguendo il ciclo del Problem Solving come previsto dalla *Terza Attività AVA* per la gestione dei cambiamenti intenzionali.

GESTIONE PROBLEMI IMPREVISTI

Ogni qual volta sorgono dei problemi di qualità imprevisti, risolverli seguendo il ciclo del Problem Solving con l'obiettivo di non avere "Mai lo stesso problema una seconda volta".

Aggiornare l'Analisi dei Rischi.

«Ecco fatto!» esclama soddisfatto alzando la testa dal computer. «Cosa te ne pare, Nicola? È chiaro e in linea con quello che ci siamo detti?».

Rileggo attentamente prima di rispondere: «Sì, Andrea, direi che ci siamo».

Poi, con aria soddisfatta, aggiungo: «Direi che stiamo facendo un buon

---

[20] Nella FMEA definiti come cause dei modi di guasto

[21] Nella FMEA definiti come modi di guasto

lavoro.

A questo punto c'è qualcos'altro di cui parlare, Andrea?».

«Hmm... sì, aspetta un secondo, Nicola», mi risponde mentre fa scorrere lentamente il nostro file sul computer.

Dopo qualche secondo, rialza la testa: «Ci sarebbero ancora un paio di cose di cui varrebbe la pena parlare».

«Ah bene, Andrea! Di che si tratta?», lo incalzo un po' incuriosito.

Andrea ci pensa un istante mentre sposta la bottiglia della grappa ed i bicchieri in un lato della scrivania.

«Beh, la prima cosa, in realtà, è un estensione delle ultime due *Attività AVA* appena viste. Ma è comunque importante vederne qualche aspetto un po' più in dettaglio. Si tratta della gestione dei cambiamenti nelle forniture».

Gestire i cambiamenti nelle forniture

Detto questo, si alza e mi si avvicina girando attorno alla scrivania: «Cominciamo dai cambiamenti intenzionali. Un nuovo articolo in acquisto, un nuovo fornitore, la modifica di un prodotto acquistato, sono tutti esempi di cambiamenti intenzionali nelle forniture.

Per gestirli al meglio, è opportuno che sia il cliente che i fornitori facciano quanto previsto dalla *Terza Attività AVA* per la gestione dei cambiamenti intenzionali.

Per esempio, se si vuole scegliere ed approvare un nuovo fornitore, è bene che la sua valutazione preliminare sia fatta da un team multidisciplinare con le giuste competenze ed esperienze per valutare persone, mezzi ed organizzazione del fornitore.

Ciò permette di fare una valutazione molto più completa di quella che potrebbe fare il solo Ufficio Acquisti. Sei d'accordo, Nicola?».

«Lo sono al cento per cento!», rispondo senza esitazioni.

«Bene!», commenta soddisfatto mentre torna a sedersi dietro alla scrivania.

Si sistema sulla poltroncina e subito prosegue: «Nel caso si stia progettando un nuovo prodotto per cui sia previsto l'impiego di nuovi componenti in acquisto, è bene che, durante la fase di *Progettazione*, il team multidisciplinare coinvolga ed informi adeguatamente i fornitori in merito a rischi e criticità associati ai nuovi componenti forniti.

Per i componenti più importanti, l'ideale sarebbe che i fornitori partecipassero alle pertinenti sessioni di analisi dei rischi (FMEA) con il cliente.

In ogni caso, è bene che i disegni e le specifiche tecniche date ai fornitori riportino ben evidenziate quelle caratteristiche importanti/critiche dal punto di vista della funzionalità e della sicurezza d'uso del prodotto: le cosiddette "caratteristiche speciali"[22]. Lo sai e non c'è bisogno che ti spieghi quanto questo aiuti i fornitori nel definire azioni e controlli adeguati sia in fase di progettazione che di produzione del componente».

Tira fiato per un attimo lanciandomi un occhiata per vedere se avevo qualcosa da dire, poi aggiunge: «Di competenza dei fornitori rimane naturalmente l'analisi dei rischi dei loro sistemi produttivi per questi nuovi componenti. Da questa poi, la conseguente definizione dei relativi Piani di Controllo e Manutenzione (PCM)».

«Eh sì, sarebbe davvero bello, Andrea!» intervengo interrompendolo. «Purtroppo la FMEA è un metodo ancora poco diffuso tra chi non è nel settore automotive. Ho diversi fornitori che non lo conoscono pur essendo nostri fornitori storici. Non è quindi sicuramente una cosa facile ed immediata da farsi».

«Beh, sì, Nicola, è vero, la situazione attuale è questa», replica tranquillo. «Sai però che la ISO 9001-2015 ha fatto dell'analisi dei rischi uno dei suoi punti più importanti. Credo quindi che d'ora in avanti le cose potrebbero migliorare velocemente».

Poi mi guarda di sottecchi e, con un sorriso sornione, aggiunge: «Nell'attesa, puoi cominciare tu a formare i fornitori più critici sul metodo della FMEA. Non credi?».

«Grazie per il consiglio, Andrea!» rispondo ironicamente, «mi mancava questa attività. E cosa faccio, mi faccio pagare come consulente o lo faccio gratis?».

Scoppiamo a ridere allegramente.

Dopo qualche istante di sana leggerezza, Andrea riparte instancabile: «Come ultima cosa per i cambiamenti intenzionali, parliamo dell'approvazione delle forniture sia nel caso di nuovi componenti in acquisto, sia nel caso di modifiche a quelli correnti: la fase di *Verifica* nel ciclo del Problem Solving.

Nel nostro settore, il processo di approvazione delle forniture è conosciuto con l'acronimo PPAP[23]».

Ovviamente, le verifiche devono essere concordate con i fornitori e fatte prima di iniziare la produzione in serie.

Controlli dimensionali, analisi chimiche, test funzionali e prove di

---

[22] Dimensioni, caratteristiche fisiche/chimiche e prescrizioni che hanno un impatto significativo sulla funzionalità del prodotto o sulla sicurezza o sul rispetto delle leggi. Queste informazioni sono riportate nei disegni o nelle specifiche tecniche associando alle caratteristiche un simbolo predefinito (Es. una lettera "S" per indicare che è una caratteristica di sicurezza)

[23] Production Part Approval Process - L'insieme delle verifiche che dimostrano che il prodotto ed il processo produttivo soddisfano i requisiti del cliente.

processabilità[24], sono alcuni esempi di queste verifiche.

Si ferma per un attimo e mi chiede: «Fate per caso anche voi la prova di processabilità prima di dare l'approvazione definitiva ad una nuova fornitura, Nicola?».

«Qualche volta, Andrea. Non la facciamo in modo sistematico, il più delle volte diamo un benestare di conformità al disegno/specifica tecnica».

Scuote la testa in segno di disapprovazione senza commentare. Poi si alza e fa qualche passo su e giù pensoso come al solito.

Poi sembra ritrovare l'ispirazione, si ferma e riattacca: «Concludiamo parlando dei cambiamenti indesiderati nelle forniture».

Si avvicina alla scrivania e si siede sul bordo rivolto verso di me.

«Anche in questo caso, per gestirli al meglio, è bene che i fornitori facciano quanto previsto dalla *Quarta Attività AVA* per la gestione dei cambiamenti indesiderati.

Di conseguenza, anche se storcerai un po' il naso, ti dico che è bene richiedere ai fornitori di fare le Analisi dei Rischi e i conseguenti Piani di Controllo e Manutenzione (PCM) per tutti i loro sistemi produttivi correnti».

Sorrido senza dire niente mentre lui prosegue: «In ogni caso, qualsiasi problema di qualità nelle forniture deve essere affrontato dal fornitore seguendo il ciclo del Problem Solving con l'obiettivo di non creare "*Mai lo stesso problema una seconda volta*"».

Annuisco mentre Andrea si sporge per offrirmi delle caramelle.

«Ecco, Nicola. Questi sono gli aspetti della *Terza e Quarta Attività AVA* che ci tenevo ad evidenziare per quel che riguarda la gestione dei cambiamenti nelle forniture.

Vuoi aggiungere qualcos'altro, Nicola?».

«Hmm... no, Andrea», rispondo esitante mentre sto ancora elaborando le ultime cose che ha detto.

«Certo però», cambio idea, «se guardo al mio parco fornitori, vedo un sacco di lavoro per arrivare a fare questo. Tu come sei messo, Andrea?».

Ci pensa su un istante: «Beh, devo dirti che i fornitori principali sono già allineati. Il resto dei fornitori parzialmente. L'analisi dei rischi tipo FMEA è qualcosa di specifico del settore auto e alcuni dei nostri fornitori più piccoli non la conoscono ancora.

Non è necessario però cercare di fare tutto bene subito. Il principio di

---

[24] Si verifica cioè che il componente acquistato si riesca ad usare o assemblare nel processo produttivo del cliente senza alcun problema. Può infatti succedere che, sebbene il fornitore abbia realizzato un componente conforme ai disegni/specifiche, ci siano dei fattori produttivi non previsti che ne rendono difficoltoso l'uso.

Pareto vale sempre e ci insegna che è bene focalizzare il proprio tempo e le proprie energie là dove serve di più. Inizia gradualmente dai fornitori più problematici o da quelli più importanti».

Detto questo, senza alcun ulteriore commento, si mette a scrivere al computer martellando sulla tastiera a tutta velocità.

Lo seguo sullo schermo.

QUINTA ATTIVITÀ AVA

GESTIONE DEI CAMBIAMENTI NELLE FORNITURE

APPROVAZIONE DI UN NUOVO FORNITORE

Affidare ad un team multidisciplinare la scelta ed approvazione di un nuovo fornitore.

APPROVAZIONE DELLE FORNITURE

Coinvolgere ed informare i fornitori sui rischi e le criticità associate alle nuove forniture o alle modifiche nelle forniture correnti attraverso:

- Frequenti contatti con il team multidisciplinare del cliente

- Partecipazione a sessioni dell'analisi dei rischi del cliente

- Indicazione delle "Caratteristiche speciali" nei documenti inviati

Concordare con i fornitori le verifiche che dovranno essere fatte per approvare le nuove forniture o le modifiche nelle forniture correnti prima della produzione in serie (PPAP - Es. Verifiche dimensionali, test funzionali, prove di processabilità, ecc.)

GESTIONE DEI CAMBIAMENTI NELLE AZIENDE DEI FORNITORI

Richiedere ai fornitori di gestire i cambiamenti intenzionali ed indesiderati nei prodotti forniti e nei loro sistemi produttivi facendo quanto previsto dalla *Terza e Quarta Attività AVA*.

Per esempio:

- Richiedergli di fare l'Analisi dei Rischi e i Piani di Controllo e Manutenzione (PCM) dei loro sistemi produttivi

- Richiedergli di risolvere i problemi di qualità nei prodotti forniti seguendo il ciclo del *Problem Solving* con l'obiettivo di non creare *"Mai lo stesso problema una seconda volta"*

«Bene, Nicola! Anche questa è fatta!», esclama alzando la testa. «Permettiamoci una breve pausa. Chiedo a mia moglie se ci fa un paio di caffè. Posso intanto offrirti un cioccolatino?».

«Con piacere, Andrea!».

Dopo qualche minuto, conversiamo piacevolmente del più e del meno gustandoci lentamente il caffè uno di fronte all'altro della scrivania.

L'atmosfera è serena e tranquilla e mi piacerebbe davvero rimanere a lungo a parlare così con Andrea.

Poi, quasi come se fossi richiamato all'ordine dalla mia coscienza, guardo l'ora e vedo che si è fatto un po' tardi. Finisco l'ultimo sorso di caffè, appoggio la tazzina sulla scrivania e sono pronto per ripartire.

Aspetto qualche istante che anche Andrea finisca, poi attacco: «Cosa dici, Andrea, ripartiamo? Ce la facciamo a chiudere questo nostro bel ciclo di incontri stasera?». Senza aspettare la sua risposta lo incalzo: «Avevi detto che c'era un'altra cosa di cui volevi parlare. Di cosa si tratta?».

Andrea finisce l'ultimo goccio del suo caffè e posa la tazzina sul vassoio: «Bravo, Nicola, stavo quasi per dimenticarmene. Sì, c'è un ultima attività di cui vorrei parlare.

È un'attività che fanno tutti gli RQ. Ed è sicuramente un'*Attività AVA*.

Come ultimo argomento parliamo del monitoraggio dei problemi di qualità».

Monitorare i problemi di Qualità

«Ah, ho capito, Andrea! In pratica vorresti parlare degli indicatori della Qualità, giusto?».

«Sì, Nicola, giusto. Vorrei riprendere il discorso sulla frequenza dei problemi di qualità[25]. Ti ricordi che ne avevamo parlato a proposito della *Terza strada* sugli effetti collaterali dei problemi?».

«Hmm... sì, mi ricordo, Andrea. Va pure avanti. Ti ascolto».

«Bene. Allora comincio col dire che questo indicatore è usato raramente dagli RQ. Sai bene che nel nostro settore quasi tutti usano i tassi di difettosità espressi in ppm come indicatori.

I ppm sui prodotti resi, i ppm sugli scarti interni, i ppm sulle forniture non conformi».

Annuisco col capo mentre lui prosegue: «Purtroppo, i tassi di difettosità,

---

[25] Numero di problemi di qualità per periodo di tempo come, per esempio, il numero di reclami in un anno o il numero di non conformità nelle forniture in un mese, ecc.

È un numero che non considera la quantità di prodotti difettosi per ciascun reclamo o non conformità. Un reclamo può avere generato 1, 100 o 1.000 prodotti difettosi ma è sempre conteggiato come un unico problema.

se considerati da soli, possono talvolta essere fuorvianti nel capire come veramente stanno andando le cose in azienda dal punto di vista della Qualità».

«Come... Andrea. Cosa vorresti dire?», salto su un po' stupito di questa sua affermazione.

Mi fissa per un istante prima di replicare con una domanda: « Secondo te, Nicola, se l'anno scorso hai avuto 100 ppm di prodotti resi a fronte di un unico problema e quest'anno hai ottenuto lo stesso risultato (100 ppm) a fronte di 10 problemi diversi, non è cambiato niente nella tua azienda?».

Vedendo la mia faccia un po' smarrita, prosegue: «Più che il tasso di difettosità in funzione delle quantità prodotte o vendute, è il *Tasso di errore* in funzione del tempo che ti fa percepire molto più chiaramente come stai lavorando.

La frequenza dei problemi di qualità, altro non è che la frequenza degli errori. Ogni problema, infatti, è generato da almeno un errore.

Quanti errori hai fatto quest'anno rispetto all'anno scorso? È logico pensare che se quest'anno stai facendo più errori di quanti tu ne abbia fatti l'anno scorso, qualcosa sia cambiato in peggio nella tua azienda, giusto?».

Scruta quindi la mia espressione, mentre in silenzio rifletto su quello che ha appena detto.

Dopo qualche secondo replico: «Hmm, sì ho capito cosa vuoi dire e non posso darti torto. C'è del vero in quello che dici. Andrea.

Quindi, in sintesi, assieme agli indicatori basati sul numero di prodotti difettosi in ppm, conviene usare gli indicatori della frequenza dei problemi di qualità, giusto?».

«Esatto, Nicola. La frequenza dei problemi è un indicatore semplice, diretto e molto efficace nel capire come stai andando.

Affiancata ai ppm, evita gli errori di interpretazione tipici degli indicatori basati sul tasso di difettosità.

Bada bene, però, di misurare la frequenza dei problemi sempre in funzione del tempo».

«Ah sì? E perché, Andrea?» Gli chiedo incuriosito.

Perché quando la misuri in funzione dei lotti venduti o prodotti, puoi ricadere nuovamente negli stessi errori di interpretazione di quando usi gli indicatori in ppm. Dire, per esempio, quest'anno ho avuto 10 reclami su 100 lotti venduti ai clienti, oppure, il tal fornitore ha avuto 5 NC su 200 lotti consegnati, è un altro modo di misurare il tasso di difettosità in funzione delle quantità prodotte/vendute».

Vedendo la mia faccia ancora un po' confusa, prova a spiegarsi meglio: «Su quale fornitore concentreresti i tuoi sforzi di miglioramento, quello che in un anno ti ha consegnato un lotto difettoso su 100 o quello che te ne ha consegnati 10 difettosi su 1.000? Entrambi hanno un tasso di difettosità pari all'1%».

Prima che potessi accennare una risposta, Andrea prosegue: «Se confronti solo i tassi di difettosità, dovresti dire che la loro prestazione è equivalente e che perciò è indifferente scegliere uno o l'altro come priorità d'intervento.

Se invece consideri il numero di perturbazioni che ti hanno dato in un anno, è evidente che il secondo fornitore fa molto più "male" alla tua azienda. Di conseguenza, è lì che devi focalizzare la tua priorità d'intervento».

Si alza, gira attorno alla scrivania, si siede sulla poltroncina di fianco alla mia e mi chiede se fosse riuscito ad essere sufficientemente chiaro e convincente.

«Sì, direi di sì, Andrea, ho capito», rispondo. «Ne abbiamo già parlato e sono d'accordo sul fatto che tanto più grande è il numero dei problemi, tanto maggiori sono gli effetti collaterali negativi per l'azienda.

Ho un ultimo dubbio, però: «Che cosa dicono i tuoi fornitori di questo tuo sistema di valutazione? Non obiettano forse che non è giusto valutarli senza considerare il numero di consegne che hanno fatto?

Come mi hai appena detto, con questo sistema di valutazione, il fornitore che ti ha dato dieci problemi su mille lotti consegnati in un anno, è considerato molto peggio di quello che ti ha dato un problema su cento lotti consegnati.

I fornitori sono così abituati a considerare i tassi di difettosità che non credo sia facile fargli accettare il concetto del *Tasso di errore*».

Con un sospiro Andrea conferma i miei sospetti: «È vero, qualche fornitore ogni tanto si lamenta di questo.

La mia risposta alle loro obiezioni sul fatto che si debba anche tenere conto dell'elevato numero di consegne che hanno fatto, è questa: "Se il vostro problema è quello di avere troppi lotti da consegnare, è un problema che possiamo risolvere velocemente! Proprio perché consegnate molti prodotti dovete avere una prestazione eccellente. La mia azienda non può permettersi di avere più di "X" problemi all'anno e, una buona fetta di questi "X", li dobbiamo a voi!"».

Non posso trattenere una risatina mentre commento: «Caspita, Andrea! Una risposta un po' tagliente la tua. Mi piacerebbe davvero vedere le facce dei tuoi fornitori dopo un'uscita del genere».

Andrea, senza battere ciglio, replica con la solita pacatezza: «Ti posso solo dire che una volta che il fornitore ha ben chiaro qual è il criterio di valutazione, i miglioramenti sono sorprendentemente rapidi.

Qualche anno fa avevo più di cento non conformità all'anno nelle forniture e spesso non di piccole dimensioni. Oggi siamo nel range di venti-trenta non conformità all'anno, raramente sono di grosse dimensioni e si può ancora fare meglio».

«Impressionante», commento grattandomi la testa. «Sarà bene che riveda il mio sistema di valutazione dei fornitori».

Ci scappa la risata.

Poi, Andrea, torna a sedersi dietro alla scrivania e si mette a cercare qualcosa sul computer. Dopo non molto fa apparire sullo schermo un diagramma con l'andamento dei reclami che ha avuto l'anno scorso.

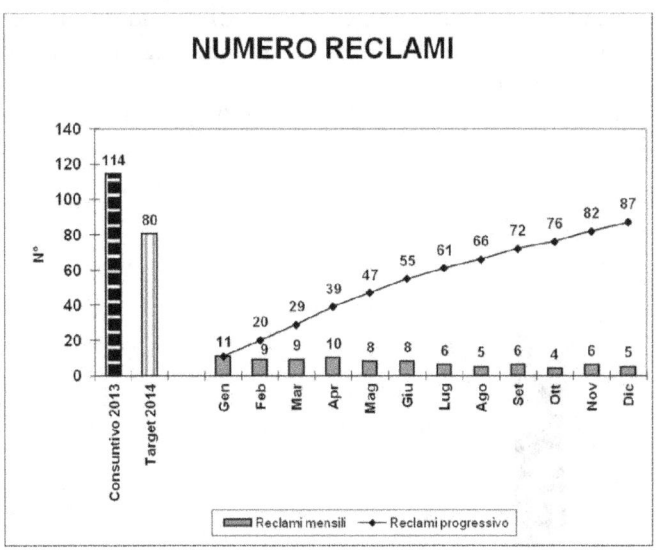

«Ecco, questo è il modo con cui tengo monitorata la frequenza dei reclami nella mia azienda.

Allo stesso modo tengo monitorate le Non conformità interne e quelle nelle forniture.

Come vedi, l'indicatore è indipendente dal numero di consegne effettuate o dal numero di prodotti consegnati.

Alzo lo sguardo verso il diagramma sullo schermo e, dopo qualche istante, sono attratto dalla colonna del target previsto per il 2014.

Mi alzo in piedi, mi avvicino allo schermo e indicandolo, gli chiedo: «Che metodo usi per fissare l'obiettivo dell'anno successivo, Andrea? Stabilisci una certa riduzione in percentuale rispetto al consuntivo dell'anno precedente?».

«No, Nicola!» risponde deciso. «Non mi piace dare dei numeri così tanto per darli. Quando fisso il target per l'anno successivo, prima cerco di definire cosa potrei fare per diminuire il numero dei reclami.

Analizzo le cause dei reclami con un bel diagramma di Pareto e concordo con i responsabili coinvolti le possibili azioni per eliminarle.

Fisso quindi l'obiettivo per l'anno successivo, basandomi sul numero dei reclami che non dovrebbero più ripetersi nel momento in cui le azioni sono operative.

Niente di complicato come vedi, e sicuramente un po' più attendibile di un numero buttato lì tanto per far contenta la Direzione o come "desiderata" per l'anno prossimo».

Annuisco muovendo lievemente il capo in segno d'assenso mentre Andrea prosegue: «Generalmente, prima di scendere in profondità, preferisco fare un Pareto dei reclami in funzione delle aree/processi aziendali da cui scaturiscono».

Con un paio di clic del mouse fa apparire sullo schermo il Pareto in questione.

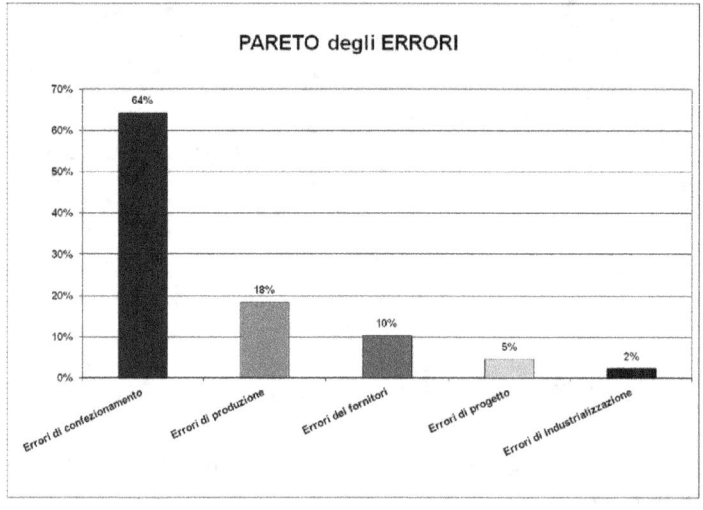

«Dopo aver così individuato i "processi" più deboli dell'azienda, scendo di livello cercando di capire quali siano gli errori che generano i reclami, cioè, in altre parole, le loro cause "radice".

In ultimo, se vedo che errori simili tendono a ripetersi nel tempo, cerco di capirne il motivo.

Cerco cioè di capire da quali sorgenti "sgorghino" gli errori ripetitivi».

Aggrotto la fronte un po' perplesso: «Sorgenti degli errori? Spiegati meglio, per favore, Andrea. Che cos'è che fai dopo aver individuato le cause "radice" dei reclami?».

Mi guarda in silenzio quasi fosse indeciso se parlare anche di questo. Poi, probabilmente decide per il sì e con tono pacato mi risponde: «Non faccio niente di complicato, Nicola. Cerco solo di capire perché si stiano ripetendo nel tempo errori simili tra loro.

Nel libro che ti ho prestato troverai spiegato il significato di "Sorgente degli errori".

In sintesi, ti posso dire che, se trascuriamo gli eventi accidentali imprevedibili, ogni problema di qualità è riconducibile ad un errore umano. Ecco perché, per me, cause "radice" è sinonimo di errore.

In ambito aziendale, qualsiasi errore "sgorga" da almeno una di queste tre possibili sorgenti: la sorgente "*Natura umana*", la sorgente "*Know-how*", la sorgente "*Politiche e vincoli aziendali*".

Quando vedo che ci sono degli errori ripetitivi, cerco semplicemente di capire quale sia la sorgente, da cui "sgorgano"».

«Hmm, interessante, Andrea. Puoi fare ancora un piccolo sforzo e spiegare meglio il significato di queste sorgenti? Lo intuisco ma vorrei esserne certo».

Sospirando, acconsente: «Va bene, Nicola, provo a essere un po' più chiaro».

Guarda in alto verso il soffitto per un istante alla ricerca delle parole più adeguate prima di proseguire: «Gli errori che si commettono per sviste, dimenticanze, distrazioni, fraintendimenti, ecc., scaturiscono dalla sorgente *Natura umana*. Quando si lavora, si sa, l'uomo è soggetto a questi errori tipici della natura umana.

Invece, gli errori che si commettono per ignoranza, intesa in senso buono come mancanza di conoscenza, scaturiscono dalla sorgente *Know-how*. Ne abbiamo già più che parlato. Quando non si hanno tutte le conoscenze che servono, è facile fare errori di progettazione o produzione.

In ultimo, gli errori che si commettono per mancanza di soldi, tempo, o per determinate decisioni e politiche aziendali scaturiscono dalla sorgente *Politiche e vincoli aziendali*.

Nella mia esperienza, questa è spesso la sorgente predominante degli errori ripetitivi in un'azienda».

Fa una brevissima pausa e riprende: «Per farti capire meglio il genere di errori che scaturiscono da quest'ultima sorgente, ti racconto un caso reale di qualche anno fa con uno dei miei fornitori.

Si appoggia completamente allo schienale della poltroncina con le mani dietro la testa e comincia a raccontare: «Acquistiamo da questo fornitore una moltitudine di componenti in plastica. È uno dei nostri fornitori principali.

Era già da un po' che risultava essere il fornitore che ci dava più problemi. Eravamo arrivati a fargli più di venti NC in un anno.

Avevamo avuto diversi incontri e più volte avevamo concordato delle azioni per migliorare. Purtroppo con scarsi risultati.

Decisi allora di prendere il toro per le corna andandolo a trovare per analizzare insieme gli errori all'origine delle Non Conformità dell'anno appena trascorso.

Scavando in profondità, scoprimmo quale era la sorgente della maggior parte delle NC.

Accadeva infatti che gli operatori addetti alle presse di stampaggio, per seguire il numero di presse assegnatogli, non riuscivano sempre a fare tutti i controlli previsti.

In sostanza, i mancati controlli (errori) "sgorgavano" dalla necessità di assegnare agli operatori un certo numero di macchine per ragioni di efficienza produttiva.

La Direzione del fornitore, resa più consapevole di quanto questo vincolo incidesse sulla Qualità, trovò delle soluzioni organizzative che gli permisero di risolvere il conflitto tra l'esigenza qualitativa e l'esigenza di efficienza produttiva.

Risultato? Il numero di NC calò drasticamente».

Fa una breve pausa, mi lancia un'occhiata e poi mi domanda: «Sono stato sufficientemente chiaro, Nicola?».

«Chiarissimo, Andrea! Semplice ed efficace questo tuo procedimento».

Andrea mi sorride strizzandomi un occhio e commenta con una battuta: «Dice il saggio: "Solo conoscendo la natura più profonda del tuo nemico potrai sconfiggerlo"».

Rido divertito mentre lui sta già scrivendo sul computer a tutta birra.

SESTA ATTIVITÀ AVA

IL MONITORAGGIO DEI PROBLEMI DI QUALITÀ

LE 5 FASI DEL MONITORAGGIO

1. Monitorare il numero dei problemi di qualità mensili suddivisi per area (es. Reclami cliente, NC interne, NC nelle forniture).

2. Associare a ciascun indicatore un'Analisi di Pareto per individuare i "processi" più deboli a cui dare priorità d'intervento.

3. Individuare gli errori (*cause "radice"*) all'origine dei problemi.

4. Se ci sono errori simili che si ripetono nel tempo, individuarne la sorgente : *Natura umana, Know-how, Politiche e Vincoli aziendali.*

5. Ridurre il flusso delle sorgenti seguendo il ciclo del Problem Solving facendo quanto previsto dalla *Terza Attività AVA* per la gestione dei cambiamenti intenzionali.

Appena finito di scrivere, guarda lo schermo e rilegge ad alta voce questa *Sesta Attività AVA*. Poi si alza in piedi e con il braccio destro alzato verso una folla immaginaria, con aria solenne annuncia: «Annuntio vobis gaudium magnum; habemus Papam!
Abbiamo finito il nostro viaggio, Nicola!», esulta.
«Evviva!» esulto anch'io ridendo mentre Andrea si è già rimesso davanti al computer e proietta sullo schermo il diagramma causa-effetto da cui eravamo partiti.

PROBLEMA

Non ho sufficiente autorità e peso per poter realmente influire sulle politiche della Qualità dell'azienda

Perché?

La Direzione non mi dà il supporto necessario a far rispettare l'SGQ e le politiche della Qualità che vorrei seguire

Perché?

La Direzione pensa che la Qualità sia già buona così com'è e che, migliorarla, non aumenti i guadagni dell'azienda

La Direzione pensa che l'SGQ sia eccessivamente burocratico e che assorba tempo ed energia in attività a scarso valore aggiunto per l'azienda

CAUSE ALLA RADICE DEL PROBLEMA

«Ecco qua, Nicola, ti ricordi? Questo è stato il nostro punto di partenza. Dovevamo eliminare le cause "radice" del tuo problema.

Con le *Tre strade* abbiamo visto come dimostrare alla Direzione che la Qualità fa guadagnare.

Attraverso i risultati che otterrai focalizzandoti sulle *Sei Attività AVA*, dimostrerai alla Direzione che l'equazione "Fare Qualità" = "Fare Burocrazia" non è vera.

Dal problema alle cause e dalle cause alle azioni correttive. Niente di nuovo per un RQ, vero Nicola?».

Scoppiamo entrambi a ridere.

Raggiunge quindi la bottiglia della grappa e comincia a versarla nei bicchieri.

«Dobbiamo festeggiare, Nicola! Ce lo siamo meritati, è stato un bel viaggio. Dobbiamo degnamente festeggiarne la fine e, visto che ormai ho fatto sfoggio della mia cultura "latina", lo faremo con questo augurio: "Ad maiora!"[26]», pronuncia in tono "opportunamente" solenne mentre, in piedi, facciamo tintinnare i nostri bicchieri.

---

[26] Verso cose più grandi!

5 EPILOGO

È passato circa un anno ormai, da quell'ultimo incontro con Andrea.
Mi sento spesso con lui al telefono e lo tengo al corrente dei passi avanti che sto facendo nella mia azienda.
Gli sono davvero molto grato per tutti i consigli che mi ha dato. Il file dei nostri incontri serali è ancora il mio riferimento quando ho qualche dubbio su come procedere.
Oggi posso dire che, il sentimento di frustrazione ed impotenza che mi pervadeva un anno fa, ha lasciato il posto all'entusiasmo ed alla voglia di fare.
Ho rivisto le procedure dell'SGQ strutturandole in accordo alle *Attività AVA*.
Dove ho potuto, ho eliminato le attività burocratiche e semplificato il più possibile tutto ciò che ha un'influenza marginale sul livello della Qualità.
Man mano che facevo queste modifiche, organizzavo degli incontri con le persone coinvolte spiegandogli il "nuovo corso" da seguire. Ora, sto monitorando in modo tenace l'effettiva applicazione delle *Attività AVA*. Lo farò fino a quando non vedrò che saranno diventate un'abitudine per la mia azienda.
All'inizio non è stata una passeggiata. Ho avuto, per esempio, diverse "discussioni" con Carlo e Claudio[27] per far adottare realmente l'approccio multidisciplinare e fare le FMEA in team, e non in "solitaria" come generalmente avveniva.
Questa volta però, sapendo di essere nel giusto e di non essere per niente "burocratico", non ho mollato.
Oltre a questo, nel corso di quest'anno, ho fatto diverse visite ai nostri

---

[27] I Responsabili della Produzione e della Progettazione

principali clienti in compagnia dei miei amici commerciali.

Insieme a loro, con le informazioni ed i dati raccolti, sono quasi pronto a presentare all'ing. Mancini una proposta per migliorare il rapporto Qualità/Prezzo di una famiglia di nostri prodotti.

Se la proposta sarà approvata avremo un bel vantaggio competitivo sui nostri concorrenti.

Questa volta la Direzione non potrà non cambierà idea sull'importanza della Qualità.

Certo c'è ancora molto da fare, ma sento di essere sulla strada giusta.

In qualche modo, anche la Direzione si è resa conto dei cambiamenti che sto facendo. Mi sta ascoltando e, oserei dire, supportando molto più di un anno fa.

Anche le lamentele dei miei colleghi sui "burocrati" della Qualità sono considerevolmente diminuite.

Sono contento. Questi primi risultati mi hanno ridato speranza e fiducia di potere fare qualcosa di buono per la mia azienda e, non da ultimo, anche per me.

Non è uno slogan dire che il buono che si fa alla propria azienda lo si fa anche a se stessi. E non solo dal punto di vista della carriera.

Il telefono squilla interrompendo bruscamente queste mie riflessioni.

È il lavoro che chiama.

«Dai, Nicola!» mi incito, «Non è il momento di adagiarsi sugli allori. In alto i cuori e lunga vita al Responsabile della Qualità!».

APPENDICE A - LA FMEA

Breve descrizione della FMEA

La FMEA (Failure Mode and Effect Analysis) è un metodo per analizzare i rischi che un prodotto (FMEA di progetto) o un processo produttivo (FMEA di processo) non funzionino come previsto.
Hanno perciò l'obiettivo di:

- Identificare i modi per cui un prodotto o un processo potrebbero non funzionare come dovrebbero.
- Identificare le cause di questi malfunzionamenti
- Valutare i rischi associati alle cause ed agli effetti dei malfunzionamenti.
- Definire le contromisure per evitare o ridurre i rischi

L'analisi dei rischi viene fatta valutando:

1. la **Gravità** degli effetti dei malfunzionamenti.
2. la **Probabilità** che le cause dei malfunzionamenti si possano manifestare,
3. la **Rilevabilità** delle cause (Quanto cioè è facile accorgersi delle cause dei malfunzionamenti)

La Fmea deve essere fatta da un team multidisciplinare.
In funzione di criteri prefissati, il team assegna un punteggio ai tre fattori: Gravità, Probabilità e Rilevabilità.

Il prodotto dei tre punteggi determina un **Indice di rischio** (IR)[28]. Quanto più alto è il punteggio dell'IR, tanto più elevati sono i rischi di malfunzionamento del prodotto o del processo produttivo. In funzione di questo, il team decide se adottare delle contromisure per ridurlo.

Le FMEA possono essere fatte su prodotti/processi già esistenti, ma devono soprattutto essere fatte nelle fasi iniziali dello sviluppo di nuovi prodotti/processi o di loro modifiche.
Quanto più il cambiamento è grande o complesso tanto più il tempo speso nel fare le FMEA (spesso il principale ostacolo all'esecuzione di una FMEA ben fatta) è ampiamente ripagato a valle dal non dover rincorrere i problemi in una fase avanzata dello sviluppo o quando i prodotti sono già dal cliente.

Le FMEA, se opportunamente mantenute ed aggiornate, sono un condensato del Know-how aziendale.
In esse si trovano i motivi per cui un prodotto o un processo è realizzato e controllato in un certo modo.
Dicono quello che uno non sempre capirebbe guardando un disegno o un piano di controllo.
Attingendo e usando le conoscenze in esse contenute, si eviterà di reinventare la ruota tutte le volte che si decide di sviluppare prodotti o processi simili a quelli già fatti.

Alla pagina successiva un esempio estratto da una FMEA di processo.

---

[28] Spesso chiamato anche: Risk Priority Number (RPN)

Numero e Descrizione operazione	Funzione operazione	Potenziale modo di guasto	Potenziale effetto del guasto	Gravità	Classificazione	Potenziale causa del guasto	Azioni e/o controlli preventivi previsti	Probabilità	Azioni e/o controlli di rilevazione previsti	Rilevabilità	RPN
Op 10 D - Inserire degli inserti filettati sul corpo di plastica con una pressa	Inserire due inserti filettati sul corpo con una pressa	Uno o entrambi gli inserti non sono inseriti	Impossibilità di montaggio sul veicolo	4		L'operatore non carica uno o entrambi gli inserti sui punzoni della pressa	//	6	Sensore presenza inserti Controllo funzionalità sensori ad inizio turno	3	72
	Inserire due inserti filettati sul corpo con una pressa, secondo l'orientamento previsto	Uno o entrambi gli inserti sono inseriti nel verso opposto	A seguito della rottura del corpo in plastica per le tensioni generate, il veicolo non si avvia	8		L'operatore carica uno o entrambi gli inserti in posizione rovesciata sui punzoni della pressa	Poka yoke non permette caricamento in posizione rovesciata	1	//	1	8
	Inserire due inserti filettati sul corpo con una pressa in battuta nella sede sul corpo	Uno o entrambi gli inserti sono inseriti parzialmente (non in battuta)	A seguito della rottura del corpo in plastica per le tensioni generate, il veicolo non si avvia	8	⊕	Regolazione della pressione pneumatica inferiore al limite minimo accettabile	Formazione operatori e inserimento valori di pressione nelle istruzioni di set up	4	Sensore presenza posizione inserti Controllo funzionalità sensori ad inizio turno	3	96

APPENDICE B - IL FILE

IL PROBLEMA E LE SUE CAUSE

QUANDO LA QUALITÀ PAGA

Influenza della Qualità sul profitto dell'azienda

1. Aumento/Diminuzione delle entrate (vendite) in relazione al rapporto Qualità/Prezzo dei propri prodotti rispetto a quelli della concorrenza.

2. Aumento delle uscite (costi) in proporzione alla grandezza e alla frequenza dei problemi di qualità.

3. Diminuzione delle entrate (vendite) e/o aumento delle uscite (costi) in proporzione agli effetti collaterali che i problemi di qualità hanno sui flussi di lavoro dell'azienda.

I Quattro Elementi della Qualità di un prodotto (QEQ)

1. Affidabilità e Assenza di difetti (Conformità)
2. Durata
3. Prestazioni delle funzioni primarie
4. Presenza e Prestazioni delle funzioni accessorie

Benefici che orientano la scelta dei clienti

- Risparmi o guadagni di denaro e/o tempo
- Maggiore benessere fisico e/o psicologico

PRIMA STRADA: IL RAPPORTO QUALITÀ/PREZZO

Valutare l'impatto sulle vendite attuali o future del rapporto **Qualità/Prezzo = Benefici/Prezzo** dei propri prodotti rispetto a quelli concorrenti, attraverso:

INDAGINE SULLA SODDISFAZIONE DEI CLIENTI

Insieme alle funzioni commerciali, visitare i clienti diretti e finali per conoscere:

1. Se l'attuale Rapporto Qualità/Prezzo sta dando ai clienti i benefici che si aspettano

2. Se questi benefici sono superiori, uguali od inferiori a quelli dati dai prodotti concorrenti

3. Se esistono dei modi per dare maggiori o altri benefici ai clienti

ANALISI DEI PRODOTTI DELLA CONCORRENZA

Insieme alle funzioni tecniche, analizzare i prodotti della concorrenza per sapere se le loro caratteristiche e funzioni danno ai clienti dei benefici superiori, uguali o inferiori ai propri prodotti.

PRESENTAZIONE DATI E PROPOSTE DI MIGLIORAMENTO

Qualora ci sia un gap sfavorevole o ci sia la possibilità di ottenere un gap positivo rispetto ai concorrenti, insieme alle Vendite/Marketing presentare alla Direzione questi dati e delle proposte di miglioramento comprensive di obiettivi, azioni, tempi ed eventuali investimenti.

SECONDA STRADA: I COSTI DELLA QUALITÀ

COSTI DELLA QUALITÀ
   Quantificare i costi generati dai problemi di qualità:

1. Sostituzioni in garanzia
2. Prodotti resi
3. Addebiti dei clienti
4. Scarti interni
5. Extra Costi per la gestione dei problemi

PRESENTAZIONE DATI E PROPOSTE DI MIGLIORAMENTO
   Se i costi sono significativi, presentare alla Direzione i dati e delle proposte di riduzione costi comprensive di obiettivi, azioni, tempi ed eventuali investimenti.

TERZA STRADA: GLI EFFETTI COLLATERALI DEI PROBLEMI

DEGRADO DELLE PRESTAZIONI AZIENDALI
   Insieme ai rispettivi Responsabili, verificare se la grandezza/frequenza dei problemi di qualità ha un impatto negativo sulle diverse prestazioni aziendali (Puntualità delle consegne, Produttività, Fatturato, Gestione dei progetti o altre).

   Insieme alle funzioni competenti (es. Controllo di Gestione o Vendite), stimare le perdite economiche conseguenti.

PRESENTAZIONE DATI E PROPOSTE DI MIGLIORAMENTO
   Se tali perdite sono significative, presentare alla Direzione i dati e delle proposte di miglioramento comprensive di obiettivi, azioni, tempi ed eventuali investimenti.

L'SGQ NON È DI "CARTA"

PRIMA ATTIVITÀ AVA

INDAGINE SULLA SODDISFAZIONE DEI CLIENTI

VISITE AI CLIENTI

Insieme alle funzioni commerciali, visitare i clienti diretti e finali per conoscere:

1. Se l'attuale Rapporto Qualità/Prezzo e Livello di Servizio sta dando ai clienti i benefici che si aspettano

2. Se questi benefici sono superiori, uguali od inferiori a quelli dati dai prodotti concorrenti

3. Se esistono dei modi per dare maggiori o altri benefici ai clienti

ANALISI DEI PRODOTTI DELLA CONCORRENZA

Insieme alle funzioni tecniche, analizzare i prodotti della concorrenza per sapere se le loro caratteristiche e funzioni danno ai clienti dei benefici superiori, uguali o inferiori ai propri prodotti.

VALUTAZIONI E DECISIONI

Con queste informazioni, valutare insieme alla Direzione ed a tutte le funzioni aziendali, che cosa sia necessario migliorare e/o che cosa sia necessario mantenere al livello attuale.

SECONDA ATTIVITÀ AVA

PRESERVARE, DIFFONDERE E SVILUPPARE IL KNOW-HOW

Preservare, diffondere e sviluppare il know-how aziendale attraverso la fidelizzazione del personale esperto, la formazione interna/esterna, gli affiancamenti, la preparazione di un'adeguata documentazione tecnica, ricerche e sperimentazioni interne, collaborazioni con consulenti o organizzazioni esterne.

TERZA ATTIVITÀ AVA

MIGLIORARE Q/P: GESTIRE I CAMBIAMENTI INTENZIONALI

IL CICLO DEL PROBLEM SOLVING

Formare dei team multidisciplinari per gestire i cambiamenti intenzionali nei prodotti o nel sistema produttivo attraverso le fasi del Ciclo del Problem Solving.

Nella fase di *Analisi delle Cause*, quando le cause non sono di per sé evidenti, usare un adeguato metodo RCA per individuare le cause "radice".

Nella fase di *Progettazione* usare un metodo adeguato per la valutazione dei rischi

IL CICLO DEL PROBLEM SOLVING

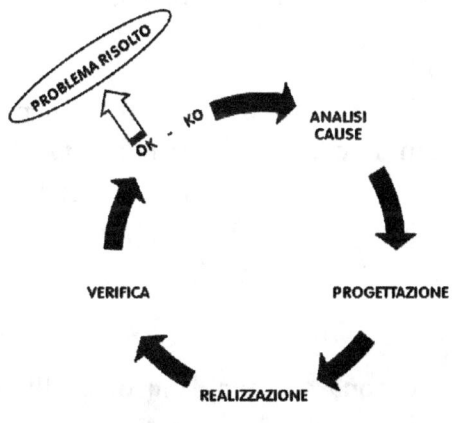

PROBLEMA RISOLTO

OK - KO

ANALISI CAUSE

VERIFICA

PROGETTAZIONE

REALIZZAZIONE

QUARTA ATTIVITÀ AVA

MANTENERE Q/P: GESTIRE I CAMBIAMENTI INDESIDERATI

ANALISI DEI RISCHI

Formare dei team multidisciplinari per fare un'analisi dei rischi dei sistemi produttivi (Es. Fmea di Processo) per:

o Individuare i cambiamenti indesiderati alla radice (Cause "radice") dei possibili difetti nei prodotti.

o Individuare le azioni ed i controlli che prevengono o rilevano i cambiamenti indesiderati prima che generino dei prodotti difettosi.

PIANI DI CONTROLLO

Come conseguenza delle analisi dei rischi, creare i piani di controllo e manutenzione (PCM) di ciascun sistema produttivo. Renderli disponibili dove servono e attuarli.

MODIFICHE PREVENTIVE

Se le analisi dei rischi evidenziano l'opportunità di modificare i prodotti e/o i sistemi produttivi a scopo preventivo, gestire le modifiche seguendo il ciclo del Problem Solving come previsto dalla *Terza Attività AVA* per la gestione dei cambiamenti intenzionali.

GESTIONE PROBLEMI IMPREVISTI

Ogni qual volta sorgono dei problemi di qualità imprevisti, risolverli seguendo il ciclo del Problem Solving con l'obiettivo di non avere "Mai lo stesso problema una seconda volta".

Aggiornare l'Analisi dei Rischi.

QUINTA ATTIVITÀ AVA

GESTIONE DEI CAMBIAMENTI NELLE FORNITURE

APPROVAZIONE DI UN NUOVO FORNITORE

Affidare ad un team multidisciplinare la scelta ed approvazione di un nuovo fornitore.

APPROVAZIONE DELLE FORNITURE

Coinvolgere ed informare i fornitori sui rischi e le criticità associate alle nuove forniture o alle modifiche nelle forniture correnti attraverso:

- Frequenti contatti con il team multidisciplinare

- Partecipazione a sessioni dell'analisi dei rischi del cliente

- Indicazione delle "Caratteristiche speciali" nei documenti inviati

Concordare con i fornitori le verifiche che dovranno essere fatte per approvare le nuove forniture o le modifiche nelle forniture correnti prima della produzione in serie (PPAP - Es. Verifiche dimensionali, test funzionali, prove di processabilità, ecc.)

GESTIONE DEI CAMBIAMENTI NELLE AZIENDE DEI FORNITORI

Richiedere ai fornitori di gestire i cambiamenti intenzionali ed indesiderati nei prodotti forniti e nei loro sistemi produttivi facendo quanto previsto dalla *Terza e Quarta Attività AVA*.

Per esempio:

- Richiedergli di fare l'Analisi dei Rischi e i Piani di Controllo e Manutenzione (PCM) dei loro sistemi produttivi

- Richiedergli di risolvere i problemi di qualità nei prodotti forniti seguendo il ciclo del *Problem Solving* con l'obiettivo di non creare *"Mai lo stesso problema una seconda volta"*

SESTA ATTIVITÀ AVA

IL MONITORAGGIO DEI PROBLEMI DI QUALITÀ

LE 5 FASI DEL MONITORAGGIO

1. Monitorare il numero dei problemi mensili suddivisi per area (es. Reclami cliente, NC interne, NC nelle forniture).

2. Associare a ciascun indicatore un Analisi di Pareto per individuare i "processi" più deboli a cui dare priorità d'intervento.

3. Individuare gli errori (*cause "radice"*) all'origine dei problemi.

4. Se ci sono errori simili che si ripetono nel tempo, individuarne la sorgente : *Natura umana, Know-how, Politiche e Vincoli aziendali.*

5. Ridurre il flusso delle sorgenti seguendo il ciclo del Problem Solving facendo quanto previsto dalla *Terza Attività AVA* per la gestione dei cambiamenti intenzionali.

APPENDICE B- IL FILE

ULTERIORI APPROFONDIMENTI

Libri consigliati:

Effective FMEAs - Carl S. Carlson - John Wiley & Sons, Inc

Zero Quality Control: Source Inspection and the Poka-yoke System - Shigeo Shingo - Productivity, Inc.

Kaizen and the art of creative thinking - Shigeo Shingo - Enna Products Corporation and PCS

Root Cause Analysis, Improving Performance for Bottom-Line results - Latino R.J., Latino K.C. - Taylor and Francis Group

Libri e sito dell'autore:

Eliminare e prevenire problemi e difetti nei prodotti - Roberto Giuliani - Franco Angeli S.r.l.

www.viadellaqualità.it